Wolf Wetzel

DER ANTIANTIFASCHISMUS

Antifa, angebliche Nazis, rechtsoffener Staat und geheimdienstliche Neonazi-Verbrechen

DER ANTI-ANTIFA-SCHISMUS

Antifa, angebliche Nazis, rechtsoffener Staat und geheimdienstliche Neonazi-Verbrechen

Wolf Wetzel

HINTERGRUND
DAS NACHRICHTENMAGAZIN
WISSEN KOMPAKT

In dieser Reihe bereits erschienen:

Matthias Rude: Die Grünen
Von der Protestpartei zum Kriegsakteur
Berlin, 2023, ISBN 978-3-910568-00-6

Georg Auernheimer: Der Ukrainekonflikt
Wie Russlands Nachbarland zum Kriegsschauplatz wurde
Berlin, 2023, ISBN 978-3-910568-02-0

ISBN 978-3-910568-05-1

1. Auflage, 2023
www.hintergrund.de

Konzept und Satz: Buchgut, Berlin
Druck: Sowa Sp. z o.o.
Printed in EU

Inhalt

Vorwort 7

Was nicht Regierungslinie ist, ist »rechtsoffen« 11

Ziemlich rechts im Kampf gegen »rechts« 24

Der NSU-VS-Komplex 31

Der Oktoberfestanschlag in München 1980 49

Stay-behind – eine staatlich organisierte Terrorstruktur mit »unbelasteten« Paten 58

Die Stunde Null 67

Die Angst des Antifaschismus vor seiner eigenen Idee 73

Faschismustheorien 88

Auf welchem Weg befinden wir uns heute? 101

Literatur 117

Vorwort

Ich wuchs in den 1950er Jahren auf, in einer Zeit, die der Schriftsteller Ralph Giordano als die »zweite Schuld« bezeichnete. Das Schweigen über all das, was meine Eltern prägte ... und was sie mir mitgaben. Erst als ich im »wehrfähigen« Alter war, erzählte mir mein Vater von seinen Kriegserlebnissen. Ich hing an seinen Lippen, denn die Geschichten waren spannend, voller Mut und Wagnis. Das krasse Gegenteil von dem, was sich die politische Klasse wünschte. »Eine formierte Gesellschaft« wollte Bundeskanzler Ludwig Ehrhard aus den Nachkriegsdeutschen machen: grau, folgsam und fleißig. Das oberste Gebot hieß: nur nicht auffallen.

Wieder zwanzig Jahre später stießen mir die Kriegserinnerungen meines Vaters auf. Ich ging dem nach und war nun mit einer ganz anderen Wahrheit konfrontiert. Mein Vater ging 1943, als schon fast alles vorbei war, zur Waffen-SS. Er meldete sich »freiwillig«, weil er es zu Hause nicht mehr aushielt, weil er in der SS das gefunden hatte, was ihm seine Adoptiveltern nicht geben konnten bzw. wollten.

Meine Mutter hielt das Schweigen ganz lange durch. Sie hatte zum einen keine Kriegsabenteuer zu erzählen und die Socken, die sie für die »Kameraden« an der »Ostfront« strickte, die Lieder, die sie für Nazi-Größen bei Empfängen sang, waren eher nichts zum Prahlen. Erst als ich die Wehrmachtsakten meines Vaters in der Hand hatte, konfrontierte ich meine Mutter damit und wollte wissen, was sie über meinen Vater als SS-Mann wusste, was sie selbst in dieser Zeit gemacht hatte.

»Ich war im Bund Deutscher Mädchen ... Das waren alle in dieser Zeit.« Das war ein bisschen gelogen und ein bisschen wahr: Viele waren in den Jugendorganisationen der NSDAP, aber es gab eben auch jene, die nicht mitmachten.

Das ist mein Grund, dieses Buch zu schreiben. Dabei geht es nicht um Mitschuld an der Geschichte (meiner Eltern), aber ich kann einiges dafür tun, dass es nie wieder solche Väter und Mütter gibt.

Seit zwei Jahren scheint die Welt auf dem Kopf zu stehen. Überall will man nun Nazis sehen. Das brachten die Corona-Zeiten mit sich. Auf der einen Seite standen Regierungsparteien und all jene, die mit den Schwächsten solidarisch sein wollten. Auf der anderen Seite standen Kritikerinnen und Kritiker des (epidemischen) Ausnahmezustandes, die angeblich mit Viertel-, Halb- und Vollnazis gemeinsam die Regierungspolitik ablehnten.

In München kam es 2021 im Laufe einer Demonstration gegen den Corona-Ausnahmezustand zu folgender bizarren Szene. Am Rand stand eine Gruppe von Antifa-Aktivisten wie aus dem Bilderbuch: schwarz gekleidet, mit schwarzen Sonnenbrillen und schwarzem Mundschutz. Sie riefen den Demonstranten zu: »Nazis raus!« Diese entgegneten dieser Randbemerkung auf dieselbe Weise: »Nazis raus!«

In Hochzeiten der Corona-Maßnahmen wurden in schauriger Eintracht von Regierung und »Zivil«gesellschaft/Antifa die Kritiker und Kritikerinnen der Corona-Maßnahmen gerne als (Halb-)Nazis oder als »rechtsoffen« angegriffen und denunziert. Was »rechtsoffen« ist, war damit klar: Die anderen sind Nazis oder gehen mit Nazis »Hand in Hand«, während man sich selbst irgendwo ab Mitte verortet sieht.

Einige Antifa-Gruppen haben sich dabei wie Hilfspolizisten der Regierung betätigt, indem sie mit der Polizei Absprachen trafen, um Querdenkern das Leben schwer zu machen. Und das in einem Gestus, der den autoritären Charakter der Bundesregierung noch zu übertreffen versuchte: Eine beliebte Parole war: *»Wir impfen euch alle«*.

Wir leben in einer wirklich besonderen Zeit. Es ist gerade einmal zwanzig Jahre her, da gab es nach offizieller

Lesart Nazis in Deutschland so gut wie nicht. Diese Erkenntnis wurde vor allem von jenen vertreten, die heute überall Neonazis und Gefahren des »Rechtsextremismus« erkennen wollen. Zu Beginn des 21. Jahrhunderts richtete die politische Klasse allenfalls ihr Augenmerk auf Nazis als »Einzeltäter«, auf verwirrte Individuen, das Ganze sei ein Einzelphänomen.

Im Jahr 2003 wollte das Bundesinnenministerium vom damaligen Vizepräsidenten des Bundesamtes für Verfassungsschutz, Klaus-Dieter Fritsche, wissen, ob es eine »braune RAF« gäbe, – also einen neonazistischen, bewaffneten Untergrund. Es gebe »keine Anhaltspunkte«, dass es »in der rechtsextremistischen Szene eine solche Gruppe gibt«, war seine Antwort.[1]

Das sagte ein Vize-Chef des Verfassungsschutzes zu einem Zeitpunkt, als es schon mehrere Banküberfälle und Morde gab, ausgeübt von einer neonazistischen Gruppierung, die sich – um Zweifel auszuräumen – »Nationalsozialistischer Untergrund« (NSU) nannte. Darin waren so viele V-Leute (vor allem vom Verfassungsschutz) platziert, dass man von einer Teilverstaatlichung neofaschistischen Terrors sprechen kann. Heute kann man mit Gewissheit sagen, dass dieser Vize-Präsident nicht ahnungslos war, sondern Pate dieses neonazistischen Terrors.

Dass also weder der »Verfassungsschutz« noch die jeweiligen Bundesregierungen gute antifaschistische Ratgeber sind, sollte man wissen. Erst recht, wenn man sich die »Entnazifizierung« Deutschlands nach dem Zweiten Weltkrieg vergegenwärtigt, die im Wesentlichen einem ausgeklügelten parteiübergreifenden Renazifizierungsprogramm glich.

1 *Fritsche vor NSU-Untersuchungsausschuss: Wie der Verfassungsschutz den NSU unterschätzte*: https://www.sueddeutsche.de/politik/fritsche-vor-nsu-untersuchungsausschuss-wie-der-verfassungsschutz-den-nsu-unterschaetzte-1.1499032

 Während es Alt-Nazis bis zum Ministerpräsidenten schafften und Neonazis als Geheimdienstmitarbeiter Neonazis betreuten und führten, wurde und wird von einem entschlossenen »Kampf gegen rechts« fabuliert. Dabei ist etwas Weiteres hervorstechend: Je mehr vom Kampf gegen Rechtsextremismus geredet wird, desto verschwommener werden die Begrifflichkeiten, die wie Seifenblasen durch den Raum wabern. Was genau bedeutet »rechtsoffen«? Was ist mit »Rechtspopulismus« gemeint? Was ist unter »Rechtsextremismus« zu verstehen?

Und was ist mit dem außerparlamentarischen Antifaschismus los? Noch nie war er so notwendig, noch nie so tot wie in der momentanen »Zeitenwende«!

Dieses Buch muss mit einer limitierten »Zeichenanzahl« auskommen, zu wenig, um alle Zeichen (der Zeit) zu berücksichtigen. In diesem Buch geht es also darum, einen Grundriss zu zeichnen, der es den Leserinnen und Lesern ermöglicht, sich zu orientieren, anstatt sich zu verlaufen.

Was nicht Regierungslinie ist, ist »rechtsoffen«

In den 1970er und 1980er Jahren war alles, was die Regierung mehr oder weniger grundsätzlich kritisierte, linksradikal, linksextremistisch oder terrorverdächtig.

Das hatte einen einfachen Grund. Die fundamentale Kritik gegen die damalige Politik kam von links – ob gegen ausbeuterische Arbeitsverhältnisse, gegen unbezahlbare Mieten, gegen patriarchale Zustände, gegen neofaschistische Tendenzen oder die staatliche Unterstützung diktatorischer Regime in aller Welt.

Ganz anders in den letzten Jahren. Hier waren vor allem Proteste gegen die Corona-Maßnahmen öffentlich wahrnehmbar und sie sorgten zugleich für heftige Debatten. Wie ist diese Kritik an der Regierungspolitik einzuordnen? Wo steht man selbst?

Es wurde schnell deutlich, dass sich die Linke in diesen Protesten nur sehr marginal, also kaum bemerkbar machte. Sowohl die parlamentarische als auch die außerparlamentarische Linke teilte im Großen und Ganzen die Corona-Politik. Sie war und ist davon überzeugt, dass dieses Mal die Herrschenden das Richtige machten, auf der richtigen Seite standen, bei den Schwachen, den *Vulnerablen*. Wenn es Kritik gab, dann bezog sie sich auf die soziale Ausgewogenheit der Maßnahmen.

Dementsprechend überwog die Überzeugung, dass der Ausnahmezustand einen guten Zweck erfüllte und die massiven Einschränkungen von Grundrechten gerechtfertigt seien. Es entstand im Laufe dieser Zeit eine merkwürdige »Große Koalition« aus Regierungsparteien, linken Zusammenhängen und alternativen Milieus.

Wie muss man also jene Menschen politisch verorten, die anderer Meinung waren und sind? Menschen, die den Ausnahmezustand nicht als Schutzmaßnahme für die

Schwächsten begriffen? Wie soll man Menschen einordnen, die die medizinischen Begründungen für fragwürdig bis falsch hielten und andere Motive dafür verantwortlich machten: eine staatlich verkündete Pandemie als einmalige Chance, politische Grundrechte einzuschränken und ein autoritäres Staatsverständnis zu stärken?

All das sind im Grunde linke Themen. Damit hatte sich die Linke in Deutschland einst gefunden und rekonstituiert. Man denke an die »Notstandsgesetze« (gegen die »rote Gefahr«) in den 1960er Jahren, an die Kanzler-Krisenstab-Diktatur (gegen eine antagonistische, militante Linke) in den 1970er Jahren.

Scheinbar plötzlich steht die Linke an der Seite derer, die einen »Gesundheitsnotstand« verteidigen bzw. begrüßen.

Selbstverständlich werden ganz viele sagen, die Notstandsgesetze in den 1960er Jahren sind nicht mit den Corona-Maßnahmen 2020/21 vergleichbar. Die Notstandsgesetze hätten nur einen Feind imaginiert, die rote Gefahr, die es nicht gab. Sie werden hingegen das Virus als realen Feind betrachten, der entsprechende Maßnahmen rechtfertigt.

Darüber wäre eine Debatte zu führen, gemeinsam und solidarisch. Stattdessen passierte genau das Gegenteil. Viele Linke, sowohl im parlamentarischen als auch im außerparlamentarischen Raum, denunzierten alle jene, die diese Einschätzung nicht teilten, die dieses Vertrauen zur Regierung nicht aufbringen wollten, die ihre massiven sozialen und materiellen Einschränkungen nicht mit dem Kampf gegen das Virus in Verbindung brachten.

All das wäre große, hitzige und offene Auseinandersetzungen wert gewesen. Stattdessen wurden und werden jene, die gegen die Corona-Maßnahmen protestieren, mit bemerkenswert aggressiver Ablehnung konfrontiert.

Es ging fast nur noch um Denunziation: Von Schwurblern, Coronaleugnern, Verschwörungstheoretikern war die Rede, von Menschen, die egoistisch seien, nur ihr eigenes Ich kennen und sich jeder Solidarität verweigern würden.

Schnell etablierte sich ein Begriff, der es wert ist, genauer unter die Lupe genommen zu werden. Man hatte sich darauf geeinigt, diese Abweichler als »rechtsoffen« zu charakterisieren. Nachdem offensichtlich war, dass die Mehrheit der Demonstranten und Maßnahmen-Kritiker keine Nazis waren und sind, nahm diese Zuweisung Fahrt auf.

Was heißt »rechtsoffen«?

Vom Wortsinn her bedeutet es, dass diese Menschen irgendwo verortet werden, das nicht als rechts bezeichnet werden kann. Sagen wir: in der Mitte der Gesellschaft.

»Was ist *rechts*?« – diese Frage müsste zuerst geklärt werden.

Unter *rechts* kann man eine Einstellung verstehen, die von autoritären, staats- bzw. obrigkeitsgläubigen, patriarchalen Lebenshaltungen geprägt ist. Belassen wir es bei dieser sehr groben Definition.

Vielleicht schwant jetzt bereits einigen, die bedenken, wer diesen Begriff benutzt und verwendet, etwas: Er wird genutzt von der rot-grün-gelben Bundesregierung, dem Verfassungsschutz, der Partei Die Linke bis hin zu sogenannten antirassistischen und antifaschistischen Gruppierungen.

Hier ist nicht der Platz, all die Maßnahmen und politischen Entscheidungen aufzuführen, die rechte Politik beinhalten, begünstigen oder tolerieren. Wenn wir den Begriff »rechtsoffen« ernst nehmen, kann man eine noch größere Affinität zu rechten Denk- und Machtstrukturen feststellen.

Anders gesagt: Ausgerechnet jene, die *rechte* Ideologien und Praxen machtvoll pflegen bzw. begünstigen, wollen Kritiker und Gegner ihrer Politik als »rechtsoffen« disqualifizieren. Im Grunde wird bereits dadurch deutlich, dass der Begriff »rechtsoffen« keinerlei definitorische Bedeutung hat.

Er hat vor allem einen selbstentlastenden Charakter – nach dem Motto: Wenn ich andere für »rechtsoffen« halte, bin ich selbst gut und fein heraus.

#allesdichtmachen
Eine Satire, mit der die Linke Ernst macht

Allein die Namensgebung einer Maßnahmen-Intervention aus dem Jahr 2021 spielte auf vielen Saiten und brachte einiges zum Klingen. Filmschaffende und Schauspieler hatten eine Video-Aktion initiiert oder nahmen daran teil. Mit *#allesdichtmachen* war nicht nur eine medizinisch begründete Quarantäne in Corona-Zeiten gemeint, sondern vor allem ein inneres Dichtmachen und ein »emanzipatorischer Lockdown« infolge der rigiden Maßnahmen.

Für gewöhnlich, so sagt man, sind Linke für Humor und Spaß zu haben. Sie finden Kurt Tucholsky klasse und zitierten mit großzügiger Geste eine bemerkenswerte Definition für Satire: »Was *darf Satire? Alles.*«

Doch wehe, sie fühlen sich selbst angesprochen und bis zur Kenntlichkeit überzeichnet. Dann ist Schluss mit lustig. Toleranz bringen sie nur locker auf, wenn es um nichts oder um wenig geht. Doch in diesem Beispiel geht es um mehr.

Bis April 2021 war die Corona-Welt noch in Ordnung. Die Mehrheit hatte die »dritte Welle« wie eine biblische

Prophezeiung angenommen. Sie hatten alles befolgt, selbst den gröbsten Unsinn. Diejenigen, die das nicht hinnahmen, wurden als Verschwörungstheoretiker denunziert und ausgegrenzt. Doch ein zahlenmäßig nicht unerheblicher Teil der Bevölkerung konnte das Schweigen, das eigene Mitmachen kaum noch aushalten.

Dann tauchten – wie aus dem Nichts – über fünfzig Videoclips auf.[2] Viele der Darsteller kannte man, hatte sie als Schauspieler gerne gesehen und geschätzt. Bis dahin.

Das Besondere an den Clips war, dass sie gar nicht die Corona-Maßnahmen kritisierten, sondern in vielen Facetten zeigten, dass es nun darauf ankomme, mitzumachen, noch eine Schippe draufzulegen, mit dem Mantra auf den Lippen: Alle wollen nur unser Bestes, unsere Regierung, unsere Pharmaindustrie und all die Wirtschafts- und Demokratiekapitäne ... und wir geben es ihnen.

Doch die Clips zeigten noch mehr: Es geht nicht einfach darum, Maßnahmen und Verordnungen zu befolgen. Es geht darum, selbst Teil der Regierung zu werden, ihre Anordnungen zu verinnerlichen, sich und andere anzuspornen, es noch besser zu machen. Früher galt der »deutsche Michel« als Symbol des Untertanengeistes. Heute steht er für Co-Government, für Selbstoptimierung, für ein absolut selbstbewusstes, toughes Mitmachen.

Diesen Spirit-Change haben die brillanten Schauspielerinnen und Darsteller in der ganzen Tiefe, auf sehr hohem Niveau vorgeführt. Besonders schön hat es Jörg Bundschuh zusammengefasst: *»Unterstützen Sie die Corona-Maßnahmen – mit und ohne Grund.«*

Oder die Schauspielerin Nadja Uhl: *»Hallo ich bin Nadja Uhl. Ich bin Schauspielerin, und dank Corona habe ich gelernt zu schweigen.«*

2 *Alles dichtmachen – Ein tolles Schauspiel mit Michel*ine als Hauptdarsteller*in*, Wolf Wetzel, 2021: https://wolfwetzel.de/index.php/2021/04/26/alles-dichtmachen-ein-tolles-schauspiel/

 Der Schauspieler Volker Bruch lässt den Zuschauer mit seinen ewig traurigen Augen wissen: »*Es ist so wichtig, dass wir alle genug Angst haben. Bleiben Sie gesund. Und halten Sie sich an ihrer Angst fest.*«

Die Aktion erreichte ein Millionenpublikum. Die Clips schlugen ein. Doch dann schlug das Imperium samt Hofstaat zurück:

Es hagelte Vorwürfe: *#allesdichtmachen* sei ein Akt von verwöhnten Millionären, die sich auf Kosten der Toten »bereichern«, sie würden die Opfer der Corona-Pandemie verhöhnen und/oder verleugnen. Sie seien einfach nur abscheulich und asozial. Es sei allerhöchste Zeit, sie nicht länger für uns schauspielern zu lassen.

Die Akteure selbst kamen so gut wie nie zu Wort. Man fragte sie nicht, was sie damit bewirken wollten, man lud sie nicht zur Diskussion ein. Man richtete sie in Abwesenheit. Das zeigte Wirkung. Fast zwanzig an der Aktion Beteiligte zogen ihre Videoclips zurück.

Nachdem die Angeklagten auf diese Weise um die Hälfte dezimiert waren, startete die zweite Phase. Ein öffentlich-privates Ermittlungsverfahren à la McCarthy. Die Anklage lautete:

Die daran Beteiligten sind vielleicht nett und naiv. Sie sind aber Marionetten in einem großen Spiel, mit dem geheime und heimtückische Ziele verfolgt werden. Also gilt es Drahtzieher, Hintermänner und geheime Mächte ausfindig zu machen, die hinter der biederen Maske der Mitmenschlichkeit ihr böses Spiel treiben. Es wurden Teams zusammengestellt, aus dem Boden gestampft – wie beim Berliner *Tagesspiegel*. Sie begannen nach Strich und Faden zu recherchieren.

Der *Tagesspiegel* und die Guten bekamen das, was bestellt war. *#allesdichtmachen* sei das Werk eines besonders heimtückischen Drahtziehers. Wenn man wie die tapferen *Tagespiegel*-Rechercheure hinter die Kulisse schaut, erkennt man den Kopf dieser perfiden Kampagne:

Dietrich Brüggemann. Der Regisseur war als Gewinner des Silbernen Bären für das beste Drehbuch bei der Berlinale 2014 bekannt geworden. Nun konnte er enttarnt werden, er spielte die »tragende Rolle« in diesem Machwerk.

Aber ein Kopf alleine reicht nicht. Dahinter steht eine ganze Organisation mit absolut bösen Absichten, die man nun ans Licht zerrt und dabei kein Risiko scheut: »Querdenker«, nicht ganz, aber so gut wie. Nennen wir es ein *»antidemokratisches Netzwerk«*. Das reicht.

Der Fall wurde aufgeklärt: Die Idee der Schauspieler und Darstellerinnen mag gut gemeint gewesen sein. Aber sie wurden benutzt wie Puppen in einem Spiel. Jetzt haben sie die letzten Sympathien verspielt.

Kaum war der Skandal in allen Medien verbreitet, kam das Dementi. Der *Tagespiegel* musste öffentlich zugeben, dass seine Drahtzieher-Netzwerk-Story erfunden war, nicht belegbar ist und dieser »Qualitätsjournalismus« Gefahr läuft, juristisch zur Verantwortung gezogen zu werden: *»Der Tagesspiegel beschäftigte sich in mehreren Artikeln mit den Hintergründen der Video-Aktion #allesdichtmachen von mehr als 50 Schauspielerinnen und Schauspielern. In einem Text verfolgten die Autoren Hinweise auf ein ›antidemokratisches Netzwerk‹ als Ausgangspunkt der Aufnahmen; dies stellte sich im Nachhinein als nicht zutreffend heraus.«*[3]

Dieser Rückzieher war keiner empörten Öffentlichkeit, keinem journalistischen Fakten-Check, auch keiner Demonstration gegen diese Verächtlichmachung zu verdanken. Er war vielmehr dem »Drahtzieher« selbst zuzuschreiben. Dietrich Brüggemann duckte sich nicht weg, sondern zwang den *Tagesspiegel* zu dem, was ihm mit Vorsatz und Absicht verweigert worden war: eine Stellungnahme als Betroffener.

3 tagesspiegel.de vom 10. 6.2021.

Dennoch erreichte die Kampagne ihr Ziel. Die Auseinandersetzung um den Inhalt der Clips war vollständig im Denunziationsstrom untergegangen. Die meisten Beteiligten werden sich zukünftig zehnmal überlegen, sich politisch einzumischen. Und die neutralen Zuschauer haben gelernt, dass es besser ist, sich rauszuhalten – und mitzumachen.

Dass Regierung und regierungsnahe Kreise die *#allesdichtmachen*-Initiative kritisierten, war zu erwarten und überraschte nicht. Was hingegen aus dem Rahmen fiel, war der Gleichschritt der (Kultur-)Linken. Sie waren in ihrer Kritik und ihrem Dislike-Management kaum zu bremsen, sie brandmarkten die Akteure der Initiative als egoistisch, sozialdarwinistisch ... und *undankbar*.

Hängt ihn!

Manche konnten gar nicht aufhören, ihrer Wut gegenüber den Undankbaren freien Lauf zu lassen. Noch im September 2021 legte ein Artikel in der *Süddeutschen Zeitung* nach. Denn trotz der massiven Denunziationen gab es weitere Schauspieler und Künstlerinnen, die sich offensichtlich nicht abschrecken ließen. Es musste nachgeimpft werden: »Auf Sendung« heißt der Beitrag der *Süddeutschen Zeitung*. Im Mittelpunkt stand dieses Mal Til Schweiger. Warum gerade er? Nun, er ist einer von »ihnen«, ein lockerer Typ, der Prototyp des links-alternativen Milieus. Natürlich hat er es auch ökonomisch geschafft. Er dürfte Millionär sein, pflegt dennoch das Image des coolen Alternativen und hat aus diesen Gründen ein Haus in Berlin-Kreuzberg. Ein Playboy der Latte-Macchiato-Linken: Er ist fleißig, nicht blöd. Er ist sympathisch und reich, nicht spießig und nicht billig.

Was brachte seine Anhänger auf die Palme? Ausgangspunkt der Attacke war der Dokumentarfilm »Eine andere

Freiheit« von Patricia Josefine Marchart und Georg Sabransky, in dem auch Til Schweiger zu Wort kommt. Die *Süddeutsche Zeitung* ließ ihrer Empörung freien Lauf.

»Wenn dieser Mann spricht, hört Deutschland zu – wenn auch nicht immer mit Begeisterung. Nicht wenige [also die SZ *und die Kultur-Linke, d. V.] haben sich (...) gewünscht, Til Schweiger möge lieber schweigen. (...) Dieses Mal hat Schweiger im Trailer zu einem Dokumentarfilm gegen die Covid-19-Impfung von Kindern gewettert. Diese findet der 57-jährige Schauspieler, Produzent und Regisseur »entsetzlich« – so entsetzlich, dass er das gleich zweimal hintereinander sagt. ›Für Kinder ist dieser Virus absolut harmlos, und die Gefahr von einer Impfung, die man nicht erforscht hat, ist ungleich höher als das Virus selber‹, behauptet Schweiger (...)«* [4]

Im Weiteren werden ein paar Namen genannt, die im Film mitgemacht haben, wie *»der notorische Volker Bruch«*. Direkt anschließend erstellt die Süddeutsche, die vermutlich glaubt, den Sachverstand dafür zu haben, das psychiatrische Gutachten: *»Die Aussagen des 57-jährigen lassen inhaltlich jedenfalls keine besondere Nähe zur Wirklichkeit erkennen.«*

Das Prinzip der Denunziation wird auch hier eingehalten: Man fixiert den Patienten wie auf einem OP-Tisch und schnipselt sich Wortfetzen als Wirklichkeit zurecht. Dabei fällt einiges unter den Tisch. Zum Beispiel die unüberhörbare Aussage Schweigers in besagtem Film: *»Also erst einmal muss ich generell feststellen, dass ich in keinster Weise ein Impfgegner bin. Meine Kinder sind alle geimpft. Ich habe mich auch jedes Jahr gegen die Grippe impfen lassen, bis ich dann irgendwann erfahren habe, dass das eigentlich gar nichts bringt, außer der Pharmaindustrie.* [Schweiger empfiehlt an der Stelle den Arte-Film »Profiteure der

4 *Auf Sendung*, SZ vom 11./12. September 2021.

 Angst – das Geschäft mit der Schweinegrippe«.[5]] *Ich habe meine Kinder damals alle – mich selber natürlich auch – gegen Schweinegrippe impfen lassen. Mit dem Ergebnis, dass eine meiner Töchter die Narkolepsie hat. Die hatte immer Probleme mit dem Schlafen und (...) war tagsüber müde. Dann haben wir sie ins Schlaflabor gebracht in Hamburg. Und die haben nach drei Tagen festgestellt, dass sie die Narkolepsie hat, also die Schlafkrankheit. Und irgendwann habe ich erfahren, dass das eben im Zusammenhang mit dieser Impfung steht. Das war natürlich für mich furchtbar. Ich habe mich damals nicht informiert, ich habe das alles geglaubt, dass da eine riesige tödliche Pandemie auf uns zukommt und habe meine Kinder schützen wollen. Mit dem Ergebnis, dass ich eine meiner Töchter geschädigt habe. Das verzeihe ich mir eigentlich gar nicht.*«

Warum erwähnt die *Süddeutsche Zeitung* diese Begründung nicht? Warum setzt sie sich nicht damit auseinander?

Am Schluss des Artikels kommt noch die Psychologin Pia Lamberty zu Wort. Sie liefert das passende Krankheitsbild. Laut ihren Kenntnissen stecken in jenen, die Verschwörungsmythen befeuern, »narzisstische Persönlichkeitsmerkmale« mit dem Ziel, »etwas ganz Besonderes« sein zu müssen. Die psychische Gewalt, mit der hier jemand zum Schweigen gebracht werden soll, die Psychiatrisierung einer politischen oder persönlichen Haltung nannte man in anderen Ländern »Archipel Gulag«.

Til Schweiger hat in diesem Film keine diffuse Weltverschwörung für seine Entscheidung verantwortlich gemacht, sondern eine ganz konkrete Erfahrung mit der »Impfkampagne« zur Bekämpfung der Schweinegrippe. Und er zeigt auf, was die »echt Guten« in Teufels Küche

5 *Profiteure der Angst – das Geschäft mit der Schweinegrippe*, Arte 2009: https://duckduckgo.com/?q=Profiteure+der+Angst+%E2%80%94+das+Gesch%C3%A4ft+mit+der+Schweinegrippe&t=hx&va= g&iax=videos&ia=videos&iai=https%3A%2F%2Fwww.youtube.com%2Fwatch%3Fv%3DkKkQH6JO4n8

bringen könnte, etwas, wofür sie einst auch auf die Straße gegangen wären: »*Wenn alles stimmen würde, was die Impfindustrie sagt, dieser Impfstoff hundertprozentig safe, was sie ja eigentlich behaupten, dann können sie doch auch konträre Meinungen zulassen. Das war doch früher auch so, dass es einen Diskurs gibt.*«

Warum reagieren Kultur-Linke so gereizt?

Mit den Coronamaßnahmen und massiven Einschränkungen gingen die Menschen sehr unterschiedlich um. Was sie bisher gemacht und hingenommen hatten, das machten sie weiterhin. Sie akzeptierten die Maßnahmen, murrten vielleicht vor sich hin und hielten sich doch daran. Ziemlich viele machten dies gar nicht aus Zustimmung, sondern aus einem einfachen Grund, der schon immer wesentlich für die Einhaltung von Gesetzen war und ist: Man will keine Sanktionen, keine Nachteile, keine Probleme mit den Vorgesetzten, also nicht auffallen. Dieses Arrangement ist nicht neu, sondern eingeübt.

Und was ist mit den Linken? Selbstverständlich würde das ihrem Ego widersprechen, wenn sie sich anpassen und kleinmachen würden, wie alle anderen auch. Nein, sie befolgen die Maßnahmen nicht aus Furcht, aus Angst vor Sanktionen, sondern aus Überzeugung. Und in einer Art Überreaktion meinen sie wirklich, dass sie das aus Solidarität machen, also aus ganz edlen und selbstlosen Motiven. Dieses Selbst-Government gehorcht aus ihrer Sicht hehren Zielen: Sie geben ihre Freiheiten auf, um den Schwächsten und Gefährdetsten beiseitezustehen.

Genau hier trifft ein Teil der *#allesdichtmachen*-Clips mitten ins Herz dieser Corona-Linken. In diesen Clips geht es gar nicht um Regierungskritik, sondern um eine teils aberwitzig-lustige Demontage dieser toughen, selbstoptimierten Mitmachideologie.

Auf die Spitze getrieben hat es die Schauspielerin Kathrin Osterode. Sie ist jung, dynamisch, modern und echt cool. Sie sitzt auf ihrer Couch und erklärt dem Zuschauer mit Verve, wie sie die Corona-Regeln einhalten will, wie sie diese auch in ihr Familienleben integrieren möchte. Sie ist der Prototyp einer ganz lockeren, coolen Mutter: »*Für viele ist das Virus ja abstrakt. Für Kinder ist es das aber ganz besonders. Damit sich aber auch meine Kinder verantwortungsvoll verhalten, haben wir bei uns zu Hause die Inzidenz-Regel eingeführt. Jeden Morgen schreiben wir hier den gültigen Inzidenzwert auf diese Tafel, um das Ganze für die Kinder spürbar und erlebbar zu machen. Und deshalb hat dann dieser Wert* (sie macht nun das Licht dieser Schautafel an) *auch ganz konkrete Auswirkungen auf das, was wir als Familie dürfen und eben nicht. Ab einem Wert von 100 gibt's zum Beispiel sofort Fernseh- und Internetverbot. Ab einen Wert von 80 gibt es lediglich keine Süßigkeiten und nur einmal am Tag raus. (...) Und wenn dann hier irgendwann einmal eine 30 steht, dann – das ist fest versprochen –, dann machen wir alle zusammen eine Fahrradtour. So. Und damit das aber auch möglich wird, gibt es eben ab einem Wert von 150 kein Abendessen. Ab einem Wert von 200 Isolation im eigenen Zimmer und ab einem Wert von 250 wird das erste Kind zur Adoption freigegeben. Ab einem Wert von 300 dann das zweite.* (Die alles opfernde Mutter macht eine kurze Pause) *Bitte, bitte helfen auch Sie, dass ich meine Kinder behalten darf.*«[6]

Man lacht Tränen. Sie inszeniert diese Latte-Macchiato-Linke im mittleren Lifestyle-Segment herzzerreißend. Gar nicht übertrieben, sondern nur im Innersten davon überzeugt, dass die Keimzelle des Staates die Familie ist.

6 Webseite von »*alles dichtmachen – nie wieder aufmachen*«: https://allesdichtmachen.de/

#allesdichtmachen – das Motto eines Teils der Linken

Es gibt einen sehr naheliegenden Grund, warum gerade Linke so allergisch auf diese Clip-Serie reagierten: Sie selbst machen mit todernster Miene genau das, was in den Clips »nur« eine Übertreibung sein sollte.

Warum konnten es diese Linken nicht mit Gelassenheit aushalten, dass man die politischen Entscheidungen in Sachen Corona nicht abnickte, sondern kritisierte? Was war untragbar, wenn man den »autoritären Charakter« in dieser ganzen Pandemiebekämpfung hervorhob? Was war daran falsch, die wissenschaftlichen Erkenntnisse, die für die Maßnahmen angeführt wurden, infrage zu stellen? Warum war plötzlich alles weg, was eine Linke einst ausmachte: Wissenschaftskritik, Staatskritik?

Ziemlich rechts im Kampf gegen »rechts«.

Ein Teil der Linken kämpft nicht gegen »Querdenken«, sondern gegen ihr eigenes Selbstverständnis

Am Samstag, den 15. Januar 2022, hatten Gegner der bundesrepublikanischen Corona-Politik zu Demonstrationen aufgerufen – unter anderem in Hamburg. Die SPD-geführte Stadt hatte die Demonstration durch die Versammlungsbehörde der Polizei verbieten lassen.

Die Art und Weise, wie das Demonstrationsrecht ausgehebelt wurde, war nicht neu: Man macht unerfüllbare Auflagen, zum Beispiel eine Höchstzahl an Teilnehmern oder »erlaubt« ausschließlich eine Kundgebung an einem abgelegenen Ort. Beides war den Veranstaltern »angeboten« worden, was diese dankend abgelehnt haben.

An der vorausgegangenen Demonstration gegen die Corona-Politik hatten in Hamburg über 14.000 Menschen teilgenommen.

Doch es kam etwas Besonderes hinzu. Gruppierungen, denen man zuvor keine Nähe zu Regierungspolitiken unterstellen konnte, hatten für den 15. Januar 2022 zu einer Gegendemonstration aufgerufen, unter dem Motto: »Solidarität gegen Verschwörungsideologien«.

Unterstützt wurde der Aufruf von Gliederungen der Parteien Die Linke, Bündnis 90/Die Grünen, der DKP bis hin zur anarchistischen FAU Hamburg, von Gewerkschaftsgliederungen (Verdi) bis zur »Seebrücke«, von »Omas gegen Rechts« bis zu »Lesben gegen Rechts – Regionalgruppe Hamburg«. Auf ihrer Webseite bekundeten die Initiatoren: »Den Bündnis-Aufruf unterstützen inzwischen über 100 Gruppen und Organisationen sowie zahlreiche

Einzelpersonen.«[7] Diese Gegendemonstration wurde von der Versammlungsbehörde erlaubt.

Dass der SPD-geführten Stadtregierung an diesem »Demokratieangebot« sehr gelegen war, ist naheliegend. Aber etwas anderes war ihr noch wichtiger: Die »Minderheiten« gegeneinander in Stellung zu bringen. Auf der einen Seite stehen die »Querdenker« (die Kritiker der Corona-Politik werden hier im Folgenden unter dem Begriff »Querdenker« geführt, wohl wissend, dass dieser Begriff diffamiert wurde und sich nicht alle Kritiker mit ihm identifizieren). Auf der anderen Seite Gruppierungen, die sich im Kampf gegen »rechts« vereinen und diesen Kampf mit großer medialer und politischer Unterstützung gegen die »Querdenker« richten.

Alleine diese ungewöhnliche Allianz müsste aufstoßen, zum Nachdenken anregen. Wenn es um den Kampf gegen Nazis geht, wie zum Beispiel gegen den NSU und sein Netzwerk, dann jubeln weder die SPD noch andere Regierungsparteien diesem Ansinnen zu. Man lässt es im besten Fall leerlaufen. Im Normalfall macht man diesem Protest das Leben schwer.

Nicht nur das stößt auf. Wo waren all diese Gruppierungen und Parteien, die nun gegen »rechts« antreten wollten, als es um den Kampf gegen richtige echte Nazis ging? Wo waren sie in den letzten mehr als zehn Jahren? Alle wissen es und sollten keiner politischen Amnesie verfallen. Noch nie war der antifaschistische Kampf oder Widerstand so kleinlaut, so schwach, so piepsig wie im Kampf gegen das NSU-Netzwerk und seine staatlichen Helfer – in Gestalt von manipulierten Ermittlungsarbeiten, in Form von Geheimdiensttätigkeiten, die vor allem damit beschäftigt waren, die Strafverfolgung von Nazis zu sabotieren und die ins Visier geratenen Nazis zu warnen.

7 *»Solidarität gegen Verschwörungsideologien«*: www.keine-stimme-den-nazis.org

 Jetzt also wollen ganz viele antirassistische und antifaschistische Gruppierungen Flagge zeigen, um den Kampf gegen Nazis aufzunehmen? Warum sollte die rot-grün-gelbe Bundesregierung, warum der SPD-geführte Senat in Hamburg so schlagartig das Ruder im Kampf gegen »Neonazis« herumreißen? Warum stellt niemand diese Fragen?

Dass es der Bundesregierung unter Merkel oder Scholz nicht um den Kampf gegen »rechts« ging und geht, sondern um die Durchsetzung einer Corona-Politik, die vor allem rechts, autoritär und repressiv ist, sollte leicht nachvollziehbar sein.

Aber was ist mit all denen, die den Kampf gegen Neonazis, gegen »rechts« als Widerstand gegen »Querdenker« entdecken?

Vorausschicken muss man, wie selbst die Polizei die große Mehrheit der Kritiker der Coronapolitik in Hamburg einschätzte: »Zwar sehen die Hamburger Behörden anders als in anderen Bundesländern keine Steuerung durch Rechtsextremistinnen und Rechtsextremisten bei den Protesten. Der Innensenator blickt dennoch mit Sorge auf das Geschehen. ›Es besteht die Gefahr, dass sich der Protest selbst radikalisiert‹, sagte Grote der Deutschen Presse-Agentur. ›Das Opfer-Narrativ ist sehr ausgeprägt. Und je näher beispielsweise eine Impfpflicht rückt, desto unversöhnlicher wird der Ton und desto größer wird die Gefahr einer Radikalisierung‹.«[8]

Wer Neonazis kennt, in Hamburg und anderswo, der kann eines ganz sicher sagen: Die Mehrheit der Teilnehmer sind keine Nazis und in der Tat »steuern« keine Neonazis die Demonstrationen von über 10.000 Menschen. Wer noch halbwegs bei Trost ist, muss sich nur die Teilnehmer anschauen, um dies ganz sicher nicht mit einem Aufmarsch

8 *Hamburgs Innensenator befürchtet Radikalisierung von Impfgegnern*, ndr.de vom 24.12.2021: https://www.ndr.de/nachrichten/hamburg/Hamburgs-Innensenator-befuerchtet-Radikalisierung-von-Impfgegnern,grote594.html

von Nazis vergleichen zu können. Und wer sich tatsächlich mit neonazistischen Strukturen und deren ideologischen Think Tanks auskennt, der weiß, dass diese ganz und gar nicht mit dem Verlauf der »Querdenker«-Demonstrationen zufrieden sind.

Was hält dieses Bündnis gegen Rechts in Hamburg den »Querdenkern« vor?

Erst einmal all die Schlagworte, die man seit der Corona-Krise wie Luftballons aufsteigen lässt: Das Bündnis wolle »gegen Verschwörungsideolog*innen, Coronaleugner*innen, Reichsbürger*innen, Antisemit*innen und andere »Schwurbler*innen« demonstrieren.

Der Unterschied zur offiziellen Erzählung der Regierung ist gleich null. Substanzloser können Vorwürfe kaum noch gemacht werden. Was ist eine Verschwörungsideologie? Wenn man sagt, dass es bei der Pandemiebekämpfung nicht um unsere Gesundheit geht? Gehört zu einer Verschwörungstheorie, dass man mächtige Kapitalinteressen hinter dieser Art von Pandemiebekämpfung sieht?

Gehört es zu einer Verschwörungstheorie, wenn man die wissenschaftliche Daten- und Studienlage infrage stellt, weil über 80 Prozent der Studien von den Pharmakonzernen selbst in Auftrag gegeben werden und jene Studien, die ungünstig ausfallen, einfach im Papierkorb landen?

Ist es ein Zeichen einer Verschwörungstheorie, wenn man das Weltwirtschaftsforum (WEF), seinen Chef Klaus Schwab ernst nimmt, der vom großen Reset (Great Reset) träumt und die Pandemie als Chance sieht, um den »Stier« an den Hörnern zu packen?

Und wie abgedroschen ist der Vorwurf, Gegner der Corona-Maßnahmen seien »Coronaleugner«. In der Mehrheit wird bei Querdenkern und drumherum nicht die Existenz eines tödlichen Virus (für ›geschwächte‹ Menschen) bestritten, sondern die Generalität der Coronamaßnahmen, die mit der Bekämpfung nichts zu tun haben. All das ist kein besonderes Querdenkerphänomen, sondern Teil der wissenschaftlichen Debatte. Manchmal sagen sogar die Experten, dass sie nur auf Sicht fahren. Manche wissen auch, dass es zu den wissenschaftlichen Grunderkenntnissen gehört, wenig bis viel zu wenig zu wissen. Wenn man das ganz Banale zum Ausgangspunkt macht, dann sind gegensätzliche Annahmen und Schlussfolgerungen nicht irre, sondern ein Grundwerkzeug der Aufklärung. Dazu gehört auch, dass die Impfstrategie weder alternativlos noch unschlagbar ist, da man mittlerweile weiß, der gentherapeutische Impfstoff macht nicht das, wozu er mit allen Schikanen gespritzt und geboostert werden soll.

Schließlich kommt das Totschlagargument, das sich Regierung und Bündnis gegen Rechts teilen: Antisemit*innen! Wissen die Bündnisteilnehmer nicht, wie schamlos dieser Begriff missbraucht wird? Als zentrales Beweisstück wird der Vorwurf angeführt, »die« Querdenker würden Bill Gates und eine kleine nicht gewählte Elite für diese Art der Pandemiebekämpfung verantwortlich machen. Reicht das ernsthaft, um jemanden zum Antisemiten zu machen? Warum führt man nicht eine öffentliche Diskussion über diese Frage, wer in Deutschland, im wertebestimmten Westen das Sagen hat? War Horst Seehofer nach dieser Leseart auch ein Antisemit, als er – damals als bayerischer Ministerpräsident – sehr erfahren sagte: »Diejenigen, die entscheiden, sind nicht gewählt, und diejenigen, die gewählt werden, haben nichts zu entscheiden.«[9]

9 *Pelzig unterhält sich*, 20. Mai 2010

Diese profunde Feststellung sehr präzise auf heute anzuwenden ist nicht einfach. Aber was steuert Die Linke dazu bei, die den Querdenkern Antisemitismus vorwirft? Wie geht sie mit Horst Seehofers Aussage um? Wie erklärt sie sich die massiven Repressionen und Einschränkungen von Grundrechten (nicht erst seit Corona) im staatstheoretischen Sinne? Hat sie noch etwas von Marx »auf der Pfanne«? Weiß sie noch, was mit dem Staat als »ideellem Gesamtkapitalisten« gemeint ist?

Und damit wären wir beim allerletzten Vorwurf, der tatsächlich eine Corona-Geburt ist: Schwurbler*innen! Muss man so offensichtlich unwissend auftreten? Muss man den Bumerang so grandios gegen sich selbst richten? Mit Schwurbler*innen sind Menschen gemeint, die nur Halbwissen haben, die nur so daherreden, über nichts bis wenig Bescheid wissen. Gilt das nicht mindestens genauso für jene Linke, die im Namen der guten und faktenbasierten Wissenschaftlichkeit auftreten? Haben diese Linken noch nichts von der Wissenschaftskritik gehört, die unter anderem die Kritische Theorie (Adorno/Habermas) zum guten Teil formuliert hat? Haben all diese Besserwisser sich damit auseinandergesetzt? Was bedeutet es, wenn man diese Wissenschaftskritik auf heute anwendet?

Es gäbe also genug zu tun, um sich selbst schlauzumachen, um Widersprüche zu erkennen und zu benennen, sie auszuhalten. Dies gilt – nicht nur – für Die Linke, die in Hamburg gegen die Querdenkerdemonstration aufruft.

Und auch die Querdenkenden sollten sich einige Fragen stellen. Dazu gehört sicherlich auch die berechtigte Frage, was Reichsbürger, AfD-Funktionäre und Identitäre auf einigen Demonstrationen gegen die Corona-Maßnahmen zu suchen haben? Fallen sie (den meisten) nicht auf oder weiß man gar nicht, was einen von diesen trennt oder doch mit diesen eint? Dabei geht es nicht nur darum, den

Kritikern den Wind aus den Segeln zu nehmen. Es geht vor allem darum, für sich selbst genauer zu definieren, wohin die Kritik an der Corona-Politik führen soll.[10]

Das ist eine sehr entscheidende Frage: Will man zurück in das (erträgliche/gute) »Davor« oder erkennt man, dass das »Davor« die Bedingungen dafür geschaffen hat, dass das »Jetzt« genauso abläuft.

Wer nur Ersteres im Auge und im Sinn hat, der wird auch die AfD wählen können, in dem Glauben, die AfD würde für das Gute/Alte/Bewährte stehen.

Wer im Jetzt das Davor erkennt, wird einen ganz entgegengesetzten Weg, einen ziemlich neuen Weg gehen müssen.

10 *Ist die Verhinderung einer Querdenkerdemonstration ein Akt des Antifaschismus? Falscher Focus, falscher Feind. Ein Beitrag, der zwischen beiden Stühlen genügend Platz findet*: https://wolfwetzel.de/index.php/2021/04/17/falscher-fokus-falscher-feind/

Über elf Jahre lang wurden neun Morde an Menschen, die nicht deutsch waren, von Behörden, politisch Verantwortlichen und Medien als »*Döner-Morde*« ausgewiesen.

Mit der Selbstenttarnung des NSU als Antwort auf die beiden toten NSU-Mitglieder in Eisenach im Jahr 2011 klassifizierte man die Mordopfer um und versprach »lückenlose Aufklärung«. Dieses Versprechen wurde sofort zurückgenommen und durch die *Pannentheorie* ersetzt, die man je nach Bedarf zum »*kompletten Behördenversagen*« aufdonnerte. Ein »einvernehmlicher« Doppel-Selbstmord, der alles aus der Welt schaffen sollte.

Am 4. November 2011 wurden aus einem ausgebrannten Campingwagen in Eisenach zwei Tote geborgen, die eiligst als Mitglieder der neonazistischen Untergrundgruppe NSU »enttarnt« wurden. Genauso schnell ergaben die Ermittlungen, dass die beiden NSU-Mitglieder »einvernehmlichen Selbstmord« begangen haben (sollen). Im selben Tempo ermittelten die Behörden, dass der NSU aus drei Mitgliedern bestand, nachdem sich das »dritte« Mitglied Beate Zschäpe gestellt hatte. Damit war obsolet, was man zehn Jahre lang mit großer Gewissheit und ohne Widerspruch behauptet hatte. Die neun Menschen mit türkischen und griechischen Wurzeln, die zwischen den Jahren 2000 und 2006 ermordet worden waren, waren keine Opfer von »*Döner-Morden*«, also Tötungsdelikten innerhalb eines »kriminellen Ausländermilieus«. Sie wurden von Neonazis getötet.

Gleichzeitig verschwand die jahrelang verbreitete Gewissheit, es gebe keinen »braunen Untergrund«, also Nazis, die klandestin organisiert sind und Terror- und Mordanschläge zu ihrer Strategie machten.

Dass die Ermittlungsbehörden einem Geistesblitz gefolgt sind, darf man bezweifeln. Es ist dem Umstand zu verdanken, dass Beate Zschäpe im Zuge ihrer Flucht Videos verschickt hatte, in denen die Morde in einen rassistischen Kontext gestellt wurden. Mit diesem unerwarteten und störenden Erkenntnisgewinn musste man etwas machen. Also bettete man die »Dönermorde« um und erklärte alles andere mit (persönlichen, ermittlungstechnischen und metaphysischen) Pannen, noch mehr Zufällen und mit Kompetenzgerangel, sobald sich zwei (und mehr) Behörden auf dem Flur oder auf der Straße begegneten. Das soll ganz besonders oft zwischen Polizeibehörden und Geheimdiensten (VS/MAD/CIA) der Fall gewesen sein.

Bis heute bleiben die Polizei, die Geheimdienste und die jeweiligen Landesregierungen bei dieser Version. Man habe vom »NSU« keinen blassen Schimmer gehabt, man habe von Mordplänen nichts gewusst, man habe sie schon gar nicht verhindern können. Dieses Erkenntnisvakuum passt so gar nicht zu dem Fakt, dass über vierzig enttarnte V-Leute im NSU-Netzwerk platziert waren, auch in unmittelbarer Nähe zum »NSU-Trio«.[11] Zwischen der Tätigkeit als V-Leute und ihrem Kernanliegen, Neonazis zu sein, muss es offensichtlich zu Abstimmungsproblemen gekommen sein. Ganz im Ernst kann man festhalten: Die als V-Männer geführten Neonazis wurden abgeschöpft, allerdings ohne das erlangte Wissen dazu zu nutzen, was den Einsatz von V-Leuten rechtfertigen soll – Taten zu verhindern.

Mittlerweile liegen fast zwölf lange Jahre »Aufklärung« hinter uns. Die Zweifel an den Ermittlungsergebnissen nahmen leise und tröpfchenweise Monat für Monat zu. Tausende Akten sind verschwunden oder vernichtet worden – vor allem die jener V-Leute, die im Nahbereich des NSU eingesetzt waren. Es wurden Tatorte manipuliert, Beweismittel unterschlagen. Es tauchten Zeugen auf, die belegen, dass Polizei und Geheimdienst sehr früh von der

11 *V-Männer als Staatsanteil im NSU-Netzwerk*, Wolf Wetzel: https://wolfwetzel.de/index.php/2019/06/26/v-manner-als-staatsanteil-im-nsu-netzwerk/

Existenz des NSU erfahren hatten. Zeugen, die darüber berichteten, dass mögliche Festnahmen gezielt verhindert worden waren, dass V-Leute den neofaschistischen Untergrund mit angelegt hatten – durch Beschaffung von Sprengstoff, (falschen) Papieren, Wohnungen und Geld. Es tauchte bislang unterschlagenes Beweismaterial auf, das nahelegt, dass andere bzw. weitere Täter an den Terror- und Mordanschlägen beteiligt gewesen sein müssen. Es starben zahlreiche Zeugen, die die offizielle Version in Gefahr bringen konnten.

Obwohl die Evidenz der Beweismittel, die für die offizielle Version sprechen, Jahr für Jahr geringer wurde, klammert man sich bis heute an diese Pannentheorie, die man gelegentlich auch als »komplettes Behördenversagen« aufhübscht. Das war aber auch das Allerhöchste und damit sollte es genug sein.

Das ändert nichts an den fünf zentralen Thesen, die sich Generalbundesanwaltschaft und Gericht, Verfassungsschutz und Polizei und die allermeisten Medien einträchtig bis heute teilen:

- Der NSU bestand aus drei Mitgliedern, dem sogenannten *Trio*.
- Dem NSU werden neun Morde an Menschen vorgeworfen, die nicht deutsch genug für sie waren.
- Den Mordanschlag auf zwei Polizisten in Heilbronn 2007 haben die beiden toten NSU-Mitglieder verübt.
- Staatliche Behörden waren weder am Zustandekommen des NSU noch beim Gewährenlassen von Mordanschlägen tatrelevant beteiligt.
- Die über vierzig V-Leute, die im Nahbereich des NSU agiert hatten, wussten nichts von dem, was den NSU ausmacht.

Das hat der Bundesanwalt Herbert Diemer im Jahr 2013 so zusammengefasst: »*Wir haben bisher noch keine Hinweise auf lokale Unterstützer, auch noch keine Hinweise auf die Verstrickung staatlicher Behörden gefunden.*« Das »bisher« hält sich bis heute.

 Ist der Widerspruch zur offiziellen Version falsch, weil er nicht auf alles zurückgreifen kann?

Es wurde sehr schnell deutlich, dass man bei den Untersuchungen vielleicht auf 20 Prozent der Beweismittel, der Akten und Ermittlungsergebnisse zurückgreifen kann. Damit lägen 80 Prozent der Hintergründe und Zusammenhänge des NSU-VS-Komplex im Dunkeln, weil bei allem angeblichen Kompetenzgerangel sämtliche Behörden in einem zentralen Punkt zusammenarbeiten: Man verweigert den Zugang zu diesem Wissen. Man vernichtete Beweismittel. Tausende Akten sind nicht mehr verfügbar.

In Kenntnis dieser gewaltigen Schwierigkeit, von den 20 Prozent auf die fehlenden 80 Prozent zu extrapolieren, habe ich meine Schlussfolgerungen wie folgt qualifiziert:

»Es geht nicht einfach darum, Zweifel an den Ermittlungsergebnissen zu äußern. Es geht vielmehr darum, dass keine der zentralen Annahmen Bestand hätte, wenn sich die polizeilichen Ermittlungen an ihre eigenen Arbeitsgrundlagen gehalten hätten. Auch das Eingeständnis, dass es zahlreiche und bedauerliche Ermittlungspannen gegeben habe, trifft nicht den Kern: Die Häufigkeit und Relevanz der Ermittlungspannen belegt die Systematik und nicht irgendwelches menschliche Versagen.

Man kann anhand der Ermittlungspannen belegen, dass sie – aneinander und ineinander gefügt – einen unterschlagenen Tatablauf nachzeichnen (das gilt insbesondere für Kassel 2006, Heilbronn 2007 und Eisenach 2011).«

Führende THS-Mitglieder verschwanden nicht im Untergrund. Sie wurden eingeladen, ermutigt und geradezu aktiviert.

Thomas Starke war nicht nur ein führender Neonazi, sondern auch V-Mann, als er den Kameraden des Thüringer Heimatschutzes den Sprengstoff lieferte, der wenig später, im Januar 1998 in einer Garage in Jena gefunden wurde. Obwohl also der Besitz von 1,4 Kilo TNT-Sprengstoff in den Händen einer neonazistischen Organisation bekannt war, wurden weder Haftbefehle erlassen noch ein Verfahren nach § 129a eingeleitet. Man wollte sie nicht festnehmen, man wollte sie vielmehr für den Untergrund aktivieren.

Die Verfolgungsbehörden hatten nie den Kontakt zu den abgetauchten THS-Mitgliedern verloren, sondern mit der ebenfalls 1998 beschlagnahmten »Garagenliste« die Landkarte des Untergrundes in der Hand – einem Untergrund, der so verborgen war wie ein am Tatort zurückgelassener Personalausweis. Diese Garagenliste blieb über zehn Jahre unausgewertet, verschwand in der Asservatenkammer. Das war keiner Ermittlungspanne geschuldet, sondern dem pikanten Umstand, dass auf der konspirativen Adressliste nicht nur ca. 50 Neonazis aus der ganzen Bundesrepublik aufgeführt waren, sondern auch vier V-Leute.

Ohne die massiven und taterheblichen Unterstützungsleistungen von V-Männern wäre kein Nationalsozialistischer Untergrund entstanden.

Obwohl Behörden von der Bewaffnung, von geplanten Bankrauben, von der Beschaffung falscher Identitäten nach ihrem Untertauchen Kenntnis hatten, wurde ein Verfahren nach § 129a (Bildung einer terroristischen Vereinigung) verhindert.

Ebenso lehnten es das Bundeskriminalamt (BKA) und die Generalbundesanwaltschaft (GBA) ab, angesichts der vorliegenden Fakten die Ermittlungen zu zentralisieren, also an sich zu ziehen. Die Absicht, das Abtauchen von führenden Neonazis strafrechtlich »flach zu halten«, lässt sich nicht aufgrund mangelnder Tathinweise erklären, sondern aufgrund anderer Erwägungen.

 Es gab verschiedene Möglichkeiten, die abgetauchten Neonazis festzunehmen. Dass dies wiederholt nicht passierte, lag nicht an Pannen, sondern an Anweisungen, die aus den jeweiligen Innenministerien kamen.

Unter Berufung auf das Thüringer Landeskriminalamt berichtete der *Mitteldeutsche Rundfunk* (MDR), »dass die drei Hauptverdächtigen 1998 kurz nach ihrem Untertauchen von Zielfahndern aufgespürt worden waren. Ein Sondereinsatzkommando der Polizei habe die Möglichkeit zum Zugriff gehabt, sei aber im letzten Moment zurückgepfiffen worden.« [12] Die Weigerung, die abgetauchten THS-Mitglieder festzunehmen, ist bis in das Jahr 2002 dokumentiert:

»Vergangene Woche war in einer vertraulichen Sitzung des Thüringer Justizausschusses bekannt geworden, dass ein halbes Dutzend Aktennotizen aus der Zeit zwischen 2000 und 2002 existieren, laut denen das Innenministerium Festnahmeversuche verhindert hatte.« [13] Auch das Innenministerium in Brandenburg verhinderte eine Möglichkeit der Festnahme. Im September 1998 bekam der Verfassungsschutz in Brandenburg einen Tipp: Dank dieses Hinweisgebers erfuhr der Geheimdienst, dass Jan Werner, ein Neonazi aus Chemnitz, den Auftrag hatte, Waffen für die abgetauchten (und gesuchten) Neonazis zu besorgen, die man später als Trio bezeichnete:

»Drei Tage nachdem die Brandenburger den vielversprechenden Vermerk geschrieben hatten, kam es zu einer geheimen Konferenz im Potsdamer Innenministerium, an der auch Vertreter der Verfassungsschutzämter aus Thüringen und Sachsen teilnahmen. Zeugnis darüber ist ein Protokoll des Treffens, das die sächsischen Kollegen verfassten. (...) Es belegt: Das Brandenburger Ministerium

12 jW vom 19.11.2011
13 FR vom 8.12.2011

verhinderte aktiv die Suche nach den drei Untergetauchten.«[14] Der Hinweisgeber war kein geringerer als Carsten Szczepanski, der als V-Mann für das LfV Brandenburg arbeitete und den Decknamen *Piatto* trug. Er wurde als hochwertige Quelle eingestuft. Wenn der Einsatz und das Wissen von V-Leuten tatsächlich schwere Straftaten verhindern bzw. aufklären soll, wäre der nächste Schritt gewesen, diese Quellennachricht für die Polizei, also zu Fahndungszwecken freizugeben. Genau dies ist nicht passiert: »Ausgerechnet bei der Meldung zu Personen auf der Fahndungsliste machte das Ministerium jedoch einen Rückzieher und erklärte sich »nicht bereit, die Quellenmeldung als solche für die Polizei freizugeben«, wie es im Protokoll heißt. Die Beamten fürchteten, dadurch könnte Szczepanski als Spitzel auffliegen. (s. o.)

Die Fiktion von einem »Terrortrio«

Die Behauptung, der NSU hätte aus drei Mitgliedern bestanden, basiert auf keiner Indizienlage. Der NSU selbst versteht sich als »Netzwerk von Kameraden mit dem Grundsatz: Taten statt Worte« (Bekennervideo). Würde man tatsächlich nach den Vorgaben des § 129a ermitteln und aufklären, stieße man auf zahlreiche Kameraden, die tatrelevant am Bestehen dieser terroristischen Struktur beteiligt waren. Dutzenden von Neonazis kann heute nachgewiesen werden, dass sie am Aufbau und an der Ausstattung eines neonazistischen Untergrundes beteiligt waren. Das Konstrukt vom Terrortrio deckt sich also nicht im Geringsten mit der Faktenlage. Es deckt einzig und allein den Umstand, dass man bei Ermittlungen gegen weitere Beteiligte auch auf zahlreiche V-Leute stoßen würde.

14 Der NSU-Prozess-Blog, zeit-online vom 10. Mai 2016

 Während der elf Jahre NSU herrschte in deutschen Behörden kein »Behördenwirrwarr« und auch kein »Kommunikationschaos«, sondern der für deutsche Behörden vorgeschriebene und eingehaltene Dienstweg.

Gerade in einem politischen Bereich, in dem schwere Straftaten verfolgt werden, ist der Dienstweg sehr klar bestimmt und geregelt. In Konfliktfällen zwischen Polizei- und Geheimdienstinteressen entscheiden weder das Los noch der Zufall, sondern der oberste Dienstherr – und das ist das jeweilige Innenministerium. Wenn man diese Hierarchie vor Augen hat und mit dem vergleicht, wie an den verschiedenen Tatorten agiert wurde, kann man die Einhaltung des Dienstweges recht genau dokumentieren.

So führte die fortgesetzte Weigerung, die abgetauchten THS-Mitglieder festzunehmen »seinerzeit zu Krisengesprächen zwischen den Staatssekretären der Landesministerien für Justiz und Inneres sowie zwischen dem Thüringer Generalstaatsanwalt und dem LfV-Präsidenten. Große Folgen hatte das jedoch nicht: Im Jahr 2003 wurde das Ermittlungsverfahren gegen das gesuchte Trio eingestellt – und damit auch die Fahndung beendet«. [15]

Bis zum Jahr 2000 müssen diese behördlichen Entscheidungen als Unterstützung einer terroristischen Vereinigung gewertet werden. Mit dem ersten Mord im Jahr 2000 kommen unterlassene Möglichkeiten, Mitglieder des NSU festzunehmen, der Beihilfe zu Mord gleich.

Es ist belegbar, dass deutsche Behörden (Polizei, Geheimdienst und MAD) mit über vierzig V-Leuten am NSU-Netzwerk beteiligt waren. Diese Zahl ist unfassbar groß, vorläufig und unvollständig: Denn sie beinhaltet nur die bis heute namentlich bzw. über Decknamen bekannten Neonazis, die als »Vertrauenspersonen« geführt wurden. Bis heute ist kein Beweis erbracht, dass diese V-Männer

15 FR vom 8.12.2011

den Kontakt zum NSU verloren hatten, als die Mordserie begann. Wäre es anders, wären die zahlreichen Akten zu V-Leuten im Bundesamt für Verfassungsschutz 2011 nicht beseitigt worden (»Operation Konfetti«) – man hätte sie vielmehr als Beweis den Gerichten und Untersuchungsausschüssen übergeben.

Bis heute ist in zwei Fällen sehr genau belegbar, dass eine Aufklärung der Terror- und Mordserie möglich gewesen wäre. Die nicht erfolgte Auswertung vorhandener Spuren verhinderte vorsätzlich eine Ermittlung in Richtung Neonazismus:

Die Nichtauswertung der Videoüberwachungsaufnahmen vom Tatort, die Weigerung, den Zeugenaussagen nachzugehen, der Nichtabgleich der Bombe mit der Tatmitteldatei beim Terroranschlag in Köln 2004.

Die Weigerung aller hessischen Behörden, die Anwesenheit des V-Mann-Führers Andreas Temme beim Mord in Kassel 2006 aufzuklären, die Deckungsarbeit, die fortgesetzt stattfindet, indem bis heute der Sperrvermerk des Innenministeriums für die vom V-Mann-Führer Temme angeleiteten V-Leute aufrechterhalten wird.

Dass die Aufklärung der neun Morde in allen Fällen eine Suche nach neonazistischen Tätern ausschloss, hat neben vielen anderen (politischen, rassistischen) Gründen auch staatsimmanente Gründe: Wären Ermittlungen in Richtung neonazistischer Täterschaft aufgenommen worden, wäre man unwillkürlich auf den Tatanteil staatlicher Behörden (u. a. in Gestalt von V-Leuten) gestoßen.

Das Gewährenlassen des NSU hat der Rechtsanwalt Thomas Bliwier, der die Familie des NSU-Opfers Halit Yozgat vertritt, knapp und richtig als »vom Verfassungsschutz betreute Morde« [16] bezeichnet.

16 Hart aber fair-Sendung vom 5.3.2016

 An zahlreichen Tatorten wurden Beweise nicht verschlampt, sondern vorsätzlich vernichtet bzw. manipuliert.

Dieser Vorwurf lässt sich am eindringlichsten am Beispiel des Mordanschlages auf zwei Polizisten in Heilbronn 2007 belegen. Es gibt keinen einzigen Beleg dafür, dass die beiden toten NSU-Mitglieder an der Tat direkt beteiligt waren. Ein Berg an Beweisen und Zeugenaussagen weist vielmehr auf Tatbeteiligte, die nicht mit der Anklageschrift übereinstimmen. Das belegen nicht nur die Phantombilder, die mithilfe von Zeugen (u. a. auch vom schwer verletzten Polizisten Arnold) angefertigt worden waren. Ginge es um die Einhaltung von Ermittlungsstandards, wäre evident, dass an dem Mordanschlag mehr als zwei Personen beteiligt waren. Die mittlerweile dokumentierte fortgesetzte Ermittlungssabotage durch die Leitende Staatsanwaltschaft legt eine andere Annahme mehr als nahe: Man will unter allen Umständen Täter schützen, die nicht nur zu weiteren Neonazis führen könnten, sondern auch zu staatlichen Behörden. Dass selbst die Aufklärung eines Mordanschlages auf Polizisten vor dem Schutz von »Staatsgeheimnissen« (Vize-Chef des Inlandsgeheimdienstes Klaus-Dieter Fritsche) kapitulieren muss, markiert sicherlich den wundesten Punkt im NSU-VS-Komplex.

Die Behauptung, der Geheimdienst bzw. Verfassungsschutz habe sich »verselbstständigt«, schützt die politisch Verantwortlichen.

Diese These hatte zu Beginn des »NSU-Skandals« überraschend viele Befürworter mit sehr unterschiedlichen politischen Motiven. Politisch reichte diese Diagnose von der *Frankfurter Allgemeinen Zeitung* über die *taz* bis hin zu zahlreichen antifaschistischen Gruppierungen. Anfangs zogen sie noch gemeinsam die Konsequenz, man müsse den Inlandsgeheimdienst »Verfassungsschutz« abschaffen. Nun ist nur noch – kaum vernehmbar – das antirassistische und antifaschistische Spektrum übrig geblieben.

Politisch hatte diese Forderung gerade zu Beginn eine gewaltige Entlastungsfunktion: Es gab viele Dunkelstellen im NSU-VS-Komplex und man wollte dafür jemanden verantwortlich machen. Dafür eignet sich der Geheimdienst hervorragend. Profitieren wollten davon vor allem die politischen Funktionsträger aller Parteien, denn niemand stellte die Frage: Wer führt in einem Land wie der BRD den Geheimdienst, die Geheimdienste? Hat die politische Führung der Geheimdienste also versagt? Oder haben die Geheimdienste im Großen und Ganzen das gemacht, was man ihnen zugestanden hat, was man nicht unterbinden wollte?

Tatsächlich fehlen für die Verselbstständigung der Geheimdienste die Belege. Nimmt man das bislang an die Öffentlichkeit gelangte Material zur Hilfe, so muss man diese Annahme zurückweisen. Dazu muss man wissen, dass die Dienstwege zwischen dem Geheimdienst und anderen Behörden klar geregelt sind: Auf Länderebene ist das Innenministerium oberster Dienstherr von Polizei und Geheimdienst. Wenn es um »nationale Belange« geht, hat das Bundeskanzleramt die Dienstaufsicht über Verfassungsschutz/VS und Bundesnachrichtendienst/BND.

Gibt es auf Länderebene einen konstitutionell gewollten Konflikt zwischen Polizei- und Geheimdienstinteressen, entscheidet das Innenministerium, welche Option zum Tragen kommt. Wurde dieser Dienstweg im NSU-Komplex eingehalten? Nach allem, was vorliegt: ja.

Die Belege, dass in Bundesländern, wo die Terror- und Mordserie des NSU verübt wurde, die jeweiligen Innenministerien das letzte Wort hatten, unabhängig davon, ob sie von der CSU oder der SPD geführt wurden, sind zahlreich und fast lückenlos. Der Schlüssel für die fortgesetzte Untätigkeit, der Schlüssel für den Umstand, dass Mitglieder des NSU über zehn Jahre morden konnten, liegt also nicht im Dunklen, sondern in den jeweiligen Innenministerien.

 Der NSU ist keine Erfindung des Geheimdienstes, wie es einige glauben machen wollen.

Klar und unbestritten ist, dass es für Neonazismus und Neofaschismus keiner staatlichen Geburtshelferdienste bedarf. Den Nährboden hat die nicht begonnene politische und gesellschaftliche Entnazifizierung geschaffen, aber auch das skrupellos optionale Verhältnis der politischen Klasse zu neofaschistischen Ideologien und Praxen. Sie waren und sind ihnen willkommen, wenn es um Antikommunismus ging und geht, den sie beide verbissen vertreten. Und sie sind sich einig darin, dass die (außer-)parlamentarische Linke ihr gemeinsamer Feind ist.

Ist der NSU eine staatliche Terrororganisation?

Ich halte diese These, die auch von einigen Linken geteilt wird, für falsch und politisch irreführend. Sie suggeriert, dass man neonazistische Terrorgruppen wie eine Drohne steuern könne, dass sie quasi der illegale Arm des Geheimdienstes wären. Auch wenn es die Analyse und die Antworten schwieriger macht: Neonazistische Terrorgruppen und Geheimdienst sind nicht interessenidentisch. Ich möchte das ganz eng am NSU-Fall erklären: Wie anfangs ausgeführt, kann man sehr genau belegen, dass die neonazistische Gruppierung THS in der Tat von Geheimdienstseite für den Untergrund »aktiviert« wurde. Was mit Haftbefehlen und Anklagen 1998 erst gar nicht begonnen hatte, konnte dreizehn Jahre unerkannt morden. Lassen wir die vielen Schritte des Nicht-Verhinderns dazwischen beiseite, so gibt es einen zweiten finalen Einschnitt im NSU-Fall: Das als Selbstmord deklarierte Ende des NSU in Eisenach 2011. Wer den Fakten und ihrer Plausibilität folgt, der kommt zu dem Schluss, dass der Selbstmord eine sehr unwahrscheinliche, ein Mordgeschehen die viel wahrscheinlichere Variante ist. Wer sich ausschließlich von den Fakten leiten lässt, muss sich dann die Frage stellen: Warum tat man alles, um ein Mordgeschehen auszuschließen? Wären die Täter andere Neonazis gewesen oder die Tat das Ergebnis einer kriminellen Abrechnung, wäre ein solches Ende doch kein Problem? Es wird nur dann ein ernsthaftes Problem, wenn die Ermittlungen in Richtung Mord ein Staatsgeheimnis berühren würden, von dem Vize-Chef Fritsche sprach, das unbedingt bewahrt werden müsse.

Der (institutionelle) Rassismus spielt eine wichtige Rolle im NSU-VS-Komplex, aber er erklärt nicht alles.

»Der Rassismus ist das eigentliche Problem.« Ein Teil der Antifa-Bewegung und viele Gruppierungen aus dem antirassistischen Bereich machen den alltäglichen und institutionellen Rassismus für das »Versagen« des Staates verantwortlich: »Der NSU-Komplex wird dabei gedacht als ein Kristallisationspunkt strukturellen Rassismus.« (Aktionsbündnis »NSU-Komplex auflösen«) Keine Frage: Rassismus als Leitplanke, als unsichtbarer Lotse für staatliches Tun und gesellschaftliche Akzeptanz auszumachen, ist allemal begründeter, als von einer Aneinanderreihung von Pannen auszugehen. Aber diese Ursachenbeschreibung unterschlägt, dass auch Rassismus Herrschafts-, Klassen- und Staatsinteressen transportiert und transformiert, dass der Rassismus oben ein anderer ist als unten.

Mittlerweile gehört dieses Eingeständnis auch zur offiziellen Sprachregelung, wenn man die elf Jahre währende Weigerung auf allen institutionellen und staatstragenden Ebenen konstatieren muss, massive Hinweise auf einen rassistischen Tathintergrund für unbedeutend (und nicht »zielführend«) erklärt zu haben. Keine Frage ist der weithin verankerte Rassismus ein ausgezeichnetes Gleitmittel, um Ermittlungen in eine bestimmte Richtung zu lenken. Doch tatsächlich reicht das nicht aus, um das Versagen zu erklären. Das kann man sehr gut am Beispiel der polizeilichen Ermittlungsarbeit im Fall Kassel 2006 erklären. Die Polizei, die SOKO Café, hatte damals hervorragende Arbeit gemacht. Sie hat alles dafür getan, die Besucher ausfindig zu machen, die zur Tatzeit in dem Internetcafé waren, um sie als mögliche Zeugen oder gar Tatverdächtige zu vernehmen. Als sie dabei auf den Verfassungsschutzmitarbeiter Andreas Temme stießen, haben sie ihre Ermittlungsarbeit nicht abgebrochen, sondern beharrlich und sehr gründlich fortgeführt. Sie haben seine Telefonanschlüsse abgehört, sie haben ihn observiert, als er sich mit Dienstvorgesetzten und anderen Geheimdienstmitarbeitern traf. Sie haben etwa 200 Stunden an abgehörten Telefonaten dokumentiert, die es in sich haben. Dass dieser »Spur« nicht weiter gefolgt werden konnte und durfte, lag nicht an rassistischen Polizeibeamten, sondern an anderen Gründen, die sich sehr bald als das alles Überragende herausstellen sollten. Die Ermittlungen wurden sabotiert, behindert und eingestellt, weil von allerhöchster Stelle Gründe des Staatswohls genannt wurden, die es gebieten, in diese Richtung nicht weiter zu ermitteln. Was es mit dem gefährdeten »Staatswohl« auf sich hat, liegt im Großen und Ganzen im Dunkeln. Fest steht nur, dass das tatsächliche Tun des Geheimdienstagenten und V-Mann-Führers Andreas Temme verdunkelt werden sollte. Fakt ist auch, dass weitere Ermittlungen, die die Fragen hätten klären können, welche Nazis er als V-Mann-Führer geführt hat, welche Rolle diese beim Mord(-plan) an Halit Yozgat spielen, welche tatbegünstigende Rolle Andreas Temme selbst einnimmt, genau jenes »Staatswohl« berührt hätten, das unbedingt bewahrt werden sollte.

Dass Rassismus einiges, aber nicht alles erklären kann, lässt sich auch sehr gut am Beispiel Thüringen erklären.

In diesem Bundesland hatte der NSU sein Homeoffice. Dort begingen zwei Mitglieder nach offizieller Darstellung Selbstmord, dort war und ist ein ›Verfassungsschutz‹ (VS) aktiv, den man durchaus als Paten (in der Figur des VS-Chefs Helmut Roewer von 1994 bis 2000) bezeichnen kann. Dort ist seit 2014 die Partei Die Linke an der Regierung und stellt den Ministerpräsidenten.

Man könnte also annehmen, dass dort die Aufklärung der neonazistischen Morde, die politischen und institutionellen Konsequenzen daraus in guten und antirassistischen Händen liegen. Hat die Partei Die Linke diese Chance ab 2014 genutzt? Oder ist sie als Regierungspartei mit an der Vertuschung dessen beteiligt, was ohne ihre politische Beteiligung zwischen 1998 und 2013 in Thüringen geschehen war?

Noch 2013 hatte Bodo Ramelow als Fraktionsvorsitzender der Linken in Thüringen eine klare Haltung zu dem, was den »einvernehmlichen Selbstmord« der beiden NSU-Mitglieder in Eisenach 2011 anbelangt. Es stelle sich die Frage »nach einer ›ordnenden Hand‹ in den Behörden, die Frage nach dem ›tiefen Staat‹. Dabei tauchen die Stichworte ›Stay behind‹ und ›Gladio‹ auf. Schnell landet man bei Verschwörungstheorien. Doch seriöse Recherche bringt Erstaunliches ans Licht. Dazu gehört die Behauptung eines Zuträgers, während der Hinrichtung von Kiesewetter sei ein US-Geheimdienst in der Nähe gewesen. (...) Zum Ende des NSU gibt es unterschiedliche Sichtweisen. Die Generalbundesanwaltschaft hat Polizeiprotokolle, Ermittlungsstände und Obduktionsberichte zum 4. November 2011 unter Verschluss genommen. Jetzt tröpfeln Informationen über die Medien, anderes kennen wir vom Hörensagen. Mir wurde nach dem 4. November durch Polizisten mitgeteilt, dass ihnen in Gotha und Eisenach Leute von MAD und Bundesnachrichtendienst (BND) auf den Füßen herumtrampelten. (...) Es gibt weitere Fragen. Warum war der Leiter der Polizeidirektion Gotha sehr früh der Meinung, dass alle Beteiligten noch sehr lange an den Erkenntnissen kauen würden? Warum hatte die Polizei Gotha Informationen zu allen heute vom NSU-Ermittlungsverfahren Betroffenen schon am Tag nach dem Wohnmobilbrand an die Whiteboards pinnen können?

Warum sind alle Bombenspuren, alle Sprengstofffunde, alle Asservaten – sowohl in Köln als auch in Thüringen – nicht mehr existent? Die Herkunft von Sprengstoff kann man prüfen. Hätte das Ergebnis auf staatliche Stellen hingewiesen?«[17]

Das ist wirklich harter Tobak. Wenn das ein verschwörungstheoretischer LSD-Trip eines zukünftigen Ministerpräsidenten gewesen wäre, wäre längst ein Dementi erfolgt. Ist es aber nicht. Was hat also die Partei Die Linke gemacht, seitdem sie die Regierung in Thüringen anführt? Ich möchte es knapp machen. Sie hintergeht alles, was sie als Oppositionspartei geleistet hat, was sie in dieser Zeit an Kenntnisstand hatte.

Bis heute sitzt der Leiter der Polizeidirektion Gotha und spätere SOKO-Chef Michael Menzel gut belohnt in einem hoch dotierten Amt im Thüringer Innenminsterien und ist – das ist kein Witz – dort als Referatsleiter für Grundsatzangelegenheiten der Polizei zuständig. Er war der Mann, der die Ermittlungen in Eisenach 2011 leitete und zuallererst der Feuerwehr die Fotos abnahm, die diese vom Inneren des Campingwagens gemacht hatte.

Man könnte ganz pragmatisch mit dieser Belobigung umgehen und sie als Preis für eine Regierungskoalition ausgeben. Man könnte auch das Schweigen zu dem, was Bodo Ramelow 2013 gewusst hat und was jetzt nur noch als »Verschwörungstheorie« ausgepreist wird, ebenfalls als Deal verbuchen. Unabhängig davon, ob man dies für Realpolitik und vertretbar hält, steht jedoch fest, dass es ganz andere Gründe gibt, den NSU-VS-Komplex nicht aufzuklären. Zu diesen Gründen gehört der gemeinsame Schutz von möglichen Staatsverbrechen, also das, was die Partei Bündnis 90/Die Grünen in den 1990er Jahren

17 *Staatsgeheimnisse um NSU*, Bodo Ramelow, junge Welt, Mittwoch, 09. Januar 2013: http://www.ag-friedensforschung.de/themen/Rassismus/ramelow2.html

ministrabel gemacht hatte, als man ihr vertraute, »Gladio«
still und kollegial mit zu entsorgen.

Der NSU ist eine neonazistische Terrororganisation und ein Staatsgeheimnis.

Ich würde im Verhältnis von neonazistischen Organisationen zu Geheimdiensten (und Polizei) von einem Amalgam sprechen. Neonazistische Organisationen gibt es ohne staatliches Zutun. Andererseits belegt das Gewährenlassen solcher Gruppierungen, dass ihre Existenz einen operativen und politischen Nutzen bringt. Ob das nur passiv zu verstehen ist, indem man mit ihrem Tun die Linke einschüchtert oder gar paralysiert, muss man in Zweifel ziehen. Schließlich ist bis heute nicht offengelegt, was es mit dem Amalgam »Stay behind« auf sich hatte und hat: eine staatliche Terrororganisation, die Tausende von Neonazis für einen Kampf hinter den »feindlichen« Linien rekrutierte und ausbildete und die bis Anfang der 1990er Jahre existierte und dann »offiziell« für aufgelöst erklärt wurde. Ob das Gewährenlassen des NSU nur dem Terror galt, mit dem man dann politisch operieren kann (Verschärfung von sogenannten Sicherheitsgesetzen, die scheinbare Bestätigung der »Ausländerkriminalität«) oder auch auf die Opfer zielte, ist ein sehr dunkles Feld.

2012 wurde Klaus-Dieter Fritsche, der von Oktober 1996 bis November 2005 Vize-Chef des Bundesamtes für Verfassungsschutz (BfV) war, als Zeuge vor dem parlamentarischen Untersuchungsausschuss in Berlin vernommen. Er sollte Auskunft darüber geben, was der Geheimdienst über den NSU wusste, welche »Quellen«, also V-Leute, er im Nahbereich des NSU führte. Obwohl er eigentlich nur dem PUA erklären wollte, warum ihn das nichts anginge, verriet er in seinen Ausführungen genau das, was er damit verdecken wollte.

»Es dürfen keine Staatsgeheimnisse bekannt werden, die ein Regierungshandeln unterminieren. (...) Es gilt

 der Grundsatz ›Kenntnis nur, wenn nötig‹. Das gilt sogar innerhalb der Exekutive. Wenn die Bundesregierung oder eine Landesregierung daher in den von mir genannten Fallkonstellationen entscheidet, dass eine Unterlage nicht oder nur geschwärzt diesem Ausschuss vorgelegt werden kann, dann ist das kein Mangel an Kooperation, sondern entspricht den Vorgaben unserer Verfassung. Das muss in unser aller Interesse sein.«[18]

Bis dato galt die Aussage, dass das BfV nichts über das Abtauchen, über den Aufbau eines neonazistischen Untergrundes, über den Aufenthaltsort und die Mordpläne des NSU gewusst haben will. Wenn dies so wäre, dann wäre die Offenlegung aller V-Mann-Akten kein Staatsgeheimnis, sondern der Beweis für diese Behauptung. Wenn er hingegen Staatsgeheimnisse schützen will, dann sagt er nichts anderes, als dass man mit der Aufdeckung des Wissens von V-Männern den Staatsanteil am neonazistischen Terror preisgeben müsste.

18 Zeugenvernehmung von Klaus-Dieter Fritsche vor dem PUA in Berlin am 28. November 2012: https://dserver.bundestag.de/btd/17/CD14600/Protokolle/Protokoll-Nr%2034a.pdf

Der Oktoberfestanschlag in München 1980

Der Terroranschlag auf das Münchner Oktoberfest ereignete sich am 26. September 1980. Dazu wurden 1,39 Kilogramm TNT (gewerblicher Sprengstoff) in einem Mülleimer deponiert. Das Ziel war es, wahllos so viele Menschen wie möglich zu töten. Dreizehn Personen wurden ermordet, über zweihundert zum Teil schwer verletzt. Die polizeilichen Ermittlungen ergaben schnell, dass es sich um einen lebensunlustigen Einzeltäter handelte, der bei dem Anschlag ebenfalls ums Leben kam. Außerdem stand fast genauso schnell fest, dass er keine politischen Motive hatte, sondern ganz »private«. Nachdem der Name des »Einzeltäters«, Gundolf Köhler, bekannt war und Informationen über seine neonazistische Gesinnung und seine Kontakte zu neofaschistischen Organisationen nicht mehr zu verheimlichen waren, blieben die Ermittler bei diesem faktenfreien Profiling. Die Widersprüche wurden als »wilde Spekulationen« abgetan, wozu man heute »Verschwörungstheorien« sagen würde.

Die Staatsanwaltschaft übernahm die Polizeiversion und ließ alles, was dagegen vorgebracht wurde, ins Leere laufen.

Dank der Hartnäckigkeit und Entschiedenheit eines Nebenklägers führten im Jahr 2014 neue Indizien und Zeugen zur Wiederaufnahme des Verfahrens. Nach sechs Jahren wurde es eingestellt. »Nach den Ergebnissen der neuen Ermittlungen handelte der Attentäter Gundolf Köhler damals aus einer rechtsextremistischen Motivation heraus. Hinweise auf Hintermänner oder Komplizen wurden aber auch nach mehr als tausend Vernehmungen und der Prüfung von Hunderten Spuren nicht gefunden. ›Wir haben keine zureichenden, tatsächlichen Anhaltspunkte für die Beteiligung weiterer Personen als Mittäter,

 Anstifter oder Gehilfen an der Tat des Gundolf Köhler‹, sagte der Sprecher.« (*faz.de* vom 7.7.2020)

Welche Erkenntnisse bringt die Einstellung des Verfahrens? Warum lohnt es sich, darauf einzugehen?

Vor allem die Begründung ist sehr hilfreich, um das einzuordnen, was sich bei der »Aufklärung« der NSU-Mordserie dreißig Jahre später ereignete oder was sich vor Gericht im Mordfall Lübcke abspielte. Denn es geht um die entscheidende Frage, ob es »Pannen« und »Zufälle« sind, die eine Aufklärung erschweren bzw. verunmöglichen oder ob es sich um ein systematisches Vorgehen handelt. Wenn man diese Frage stellt und sie über die letzten vierzig Jahre rückverfolgt, kommt man an der sich anschließenden Frage nicht vorbei: Warum werden gegebenenfalls (weitere) Mörder geschützt, warum werden neonazistische Strukturen geleugnet?

Ein Urteil ist nicht (unbedingt) die Wahrheit.

In der Einstellungsbegründung sind zwei Dinge von besonderer Bedeutung. In einem zentralen Punkt widerspricht das Gericht dem Urteil aus den 1980er Jahren deutlich: Gundolf Köhler war kein »verwirrter«, unpolitischer Attentäter, sondern ein Neonazi mit einem faschistischen Weltbild. Man könnte meinen, dass diese späte Revision unbedeutsam ist, da außer Polizei und Staatsanwaltschaft kaum jemand an die »Einzeltäterthese« glaubte. Der Grund ist ein klein wenig versteckt: Die jetzt urteilende Staatsanwaltschaft hat keine neuen Fakten zu dem Attentäter Gundolf Köhler. Alles, was man über Gundolf Köhler weiß, wusste die Staatsanwaltschaft bereits vor vierzig Jahren.

An der Faktenlage hat sich nichts, gar nichts geändert, aber ganz offensichtlich an der Bereitschaft, sie wahrzunehmen, zu »würdigen«. Diese späte Berücksichtigung beweist also, dass der neonazistisch motivierte Mordanschlag 1980 von der Staatsanwaltschaft vorsätzlich und im Wissen um die Fakten entpolitisiert wurde.

Wenn wir also heute von Einzeltätern hören, wie im Mordfall Lübcke, von Neonazis ohne Neonazismus, dann sind nicht nur Zweifel erlaubt. Es gibt allen Grund dazu, dass diese Art der Aufklärung keinen Mord aufklärt, sondern die nächsten »Einzeltäter« geradezu anwirbt.

Die »Pannen« bei der Aufklärung in München haben System.

Der Terroranschlag auf das Oktoberfest in München ereignete sich am 26. September 1980. Sofort wurde der Anschlag der *Roten Armee Fraktion/RAF* zugeschrieben. Dann wurde daraus ein schrecklicher Anschlag eines verwirrten und unpolitischen Einzeltäters. Daran hielt man sich – auch ohne Fakten, denn diese machten einen neonazistischen Anschlag, der von mehreren Personen geplant und ausgeführt worden war, viel wahrscheinlicher als die »Einzeltäterthese«. Auch mehrere Versuche, eine Wiederaufnahme der Ermittlungen einzufordern, wurden abgewiesen. Die Weigerung, mehr als einen (toten) Täter finden zu wollen, dauerte über dreißig Jahre. Erst Ende 2014 erklärte die Generalbundesanwaltschaft, dass sie das Ermittlungsverfahren wieder aufnehmen werde:

»Es gebe nun Hinweise, die auf ›bislang unbekannte Mitwisser‹ hindeuten könnten, sagte Generalbundesanwalt Range.« (*Der Spiegel* vom 11.12.2014)

Das ist vor allem der unermüdlichen Arbeit des Opferanwaltes Werner Dietrich zu verdanken. Genau das, was Aufgabe der Ermittlungsbehörden wäre, hat er getan: Hinweisen und Zeugenaussagen zu folgen, die bis heute unter den Tisch fielen, die der Einzeltäterthese vehement widersprechen.

 Was machte das Wiederaufnahmeverfahren so brisant, während gleichzeitig der NSU-Prozess in München lief, der sich der lückenlosen Aufklärung der Mord- und Terrorserie des NSU verschrieben hatte?

1. Zeugen, Rechtsanwälte und Journalisten bezweifeln seit Jahren die Einzeltätertheorie und werfen den Ermittlungsbehörden vor, Spuren und Erkenntnissen nicht zu folgen, die einen neonazistischen Hintergrund belegen und die Beteiligung von mehreren Personen verifizieren.
2. Während unterschlagene und neue Fakten öffentlich werden, vernichtet man asservierte Beweise Zug um Zug. Bereits ein knappes Jahr nach dem Oktoberfestanschlag wurden 48 Zigarettenkippen aus Köhlers Auto entsorgt. Dann wurden die sichergestellten Bombensplitter für eine spätere Beweiswürdigung vernichtet. Und als wären diese Straftaten im Amt nicht genug, verschwindet ein Arm auf unerklärliche Weise: »Die Bundesanwaltschaft bestätigte (...), dass keine Spuren des Attentats mehr vorhanden sind. ›Die Asservate wurden Ende des Jahres 1997 vernichtet, weil der Fall als aufgeklärt gilt und sämtliche Ermittlungen nach eventuellen Mittätern ergebnislos verlaufen sind‹, sagte Sprecher Frank Wallenta.« (*SZ* vom 17.5.2010) Begleitend und unterstützend verschwinden Akten bzw. werden unter Verschluss gehalten.
3. Die Frage stand im Raum: Warum weigern sich staatliche Behörden so vehement dagegen, den neonazistischen Hintergrund dieses Anschlages aufzuklären? Gibt es etwas zu verteidigen, zu schützen, was weit über eine neonazistische Tat hinausreicht? Welches Motiv haben Politiker, Ermittler und Journalisten, die Einzeltäterthese zu decken? Warum wird bis heute jeder Zusammenhang zur neonazistischen »Wehrsportgruppe Hoffmann« und anderen paramilitärisch organisierten Neonazis (wie den »Deutschen Aktionsgruppen«) geleugnet?

Was macht also diesen neonazistischen Mordanschlag in München 1980 so brisant und aktuell? Warum wurde die Einzeltäterthese bis zuletzt – auf Teufel komm raus – verteidigt? Wohin kommt man, wenn man den zahlreichen Spuren zu weiteren Neonazis folgt?

Die Einzeltäterthese soll den Weg zu Mittätern und Strukturen versperren, die »Schutz« genießen.

Gundolf Köhler war nur in den Augen der Ermittlungsbehörden ein Unpolitischer. Um diese Lüge nicht zu gefährden, war man sogar bereit, die Beweislage zu manipulieren, indem man nur das sicherstellte, was man brauchte, also das liegen ließ, was nur gestört hätte: »In Gundolf Köhlers Zimmer in Donaueschingen fanden die Polizisten seinen Wikingjugend-Ausweis – und ließen ihn liegen.« [19]

Auch seine engen Verbindungen zur neonazistischen »Wehrsportgruppe Hoffmann/WGH« waren den Ermittlern bekannt, was auch zahlreiche Zeugen zu Protokoll gegeben hatten. Diese Begeisterung ging so weit, dass er selbst eine »Wehrsportgruppe« im Raum Donaueschingen gründen wollte. (Bundestagsdrucksache 18/3117, S. 17.)

Er war nicht alleine am Tatort. Zeugen hatten mindestens zwei weitere Personen an jenem Mülleimer gesehen, in dem die Bombe platziert worden war. Eine weitere Zeugenbeobachtung war so präzise, dass sie auch von einem Streit zwischen drei Personen berichten konnte. Der ehemalige Beamte, der sich als Zeuge bei Rechtsanwalt Dietrich meldete, würde nicht nur die bisherigen Zeugenaussagen bestätigen. Er würde den Tatablauf um ein entscheidendes Puzzleteil ergänzen. Der Beamte war am Tag des Oktoberfestanschlages mit fünf weiteren Arbeitskollegen auf dem Weg zur Wiesn. Kurz vor der Detonation standen sie zusammen vor dem Ausgang des

19 *Vernichtete Spuren – Ermittlungsfehler mit Tradition*, BR vom 31.1.2015.

 Oktoberfestes. In dieser Zeit beobachtete er »einen jungen Mann, der zunächst zu einem schwarzen Auto gegangen sei, das am Bavariaring geparkt war. Darin sollen vorne zwei, hinten mindestens eine Person gesessen haben. Mit diesen habe er durch das heruntergekurbelte Fenster gesprochen. Dann sei der Mann, den er bis heute sicher für Gundolf Köhler hält, zu jenem Papierkorb gegangen, in dem dieser den Ermittlungen zufolge die Bombe zündete.« (*SZ* vom 8.12.2014.)

Kurze Zeit später detonierte die Bombe. Dass der Beamte diesen Anschlag überlebt hatte, verdankte er einer Person, die vor ihm stand und durch die Wucht der Explosion auf ihn fiel – und wenig später an den schweren Verletzungen starb. Seine bereits in den 1980er Jahren gemachten Aussagen hatten keinen Eingang in die Ermittlungen gefunden, im Gegenteil, sie störten nur. Laut Kenntnis seines Rechtsanwaltes finden sich diese Aussagen nicht mehr in den Ermittlungsakten, was einer Manipulation von Ermittlungserkenntnissen gleichkäme.

Auch die Spezifika der Bombe könnten zu Mitwissern führen. Belegt ist, dass es sich um militärischen Sprengstoff gehandelt hatte. Genau dieser Spur ging ein *Frontal 21*-Beitrag vom 25.3.2014 nach: »Am 27. September, einen Tag nach dem Anschlag in München, sagten zwei deutsche Rechtsextremisten bei der bayerischen Polizei aus. Sie wiesen auf einen Gleichgesinnten hin, auf Heinz Lempke, einen Förster aus Uelzen. Die Neonazis machten klare Angaben: ›Herr Lempke zeigte uns verschiedene Sprengstoffarten, Zünder, Lunten, Plastiksprengstoff und militärischen Sprengstoff ... Er sagte uns, dass er mehrere Waffenverstecke im Wald habe‹.«

Obwohl die Ermittler von diesen Aussagen wussten, also auch Kenntnis davon hatten, dass Heinz Lempke »enge Kontakte zur WSG Hoffmann hatte« (*taz* vom 7.8.2009) sowie zu verschiedenen neonazistischen Organisationen, unternahmen sie nichts.

Ein Jahr später, im Oktober 1981, wurde man dank eines Waldarbeiters rund um die Försterei Lempke fündig: Auf über 30 Erddepots verteilt wurden u.a. 156 Kilo militärischer Sprengstoff, 230 Kilo Sprengkörper, 256 Handgranaten und 50 Panzerfäuste entdeckt.

Ganz offensichtlich wollte Heinz Lempke auf all dem nicht alleine sitzen bleiben: »Nach seiner Verhaftung kündigt Lempke an, seine Hintermänner zu nennen. Doch dann fand man ihn erhängt in seiner Zelle.« (s.o.)

Um den Förster ranken sich allerlei berechtigte Spekulationen: War er nicht nur Neonazi mit besten Verbindungen zur »Wehrsportgruppe Hoffmann«, sondern auch V-Mann des Geheimdienstes?

Der Nebel, der über dem Oktoberfestanschlag liegt, ist kein Naturereignis.

Die Bundesanwaltschaft hatte im Zuge der wieder aufgenommenen Ermittlungen an das Bundeskanzleramt, den Bundesnachrichtendienst und den Inlandsgeheimdienst/VS eine lange Liste an Suchbegriffen geschickt ... »von Karlheinz Hoffmann, dem Anführer der paramilitärischen Wehrsportgruppe Hoffmann, mit der Gundolf Köhler trainierte, bis hin zum Neonazi Heinz Lembke, der im Verdacht stand, den Sprengstoff für das Attentat geliefert zu haben. Lembke erhängte sich in seiner Zelle, kurz bevor er vor einem Staatsanwalt aussagen sollte. In seinen Akten steht der Sperrvermerk ›Nur zum Teil gerichtsverwertbar‹, was auf eine V-Mann-Tätigkeit schließen lässt.« (*SZ* vom 12.5.2016.)

Die Bundesregierung zog schnell und eindeutig die rote Linie. Sie untersagte es, die Klarnamen der V-Leute zu nennen, die möglicherweise zur Tataufklärung beitragen könnten, »weil angeblich immer noch Leib und Leben der früheren V-Leute bedroht sein könnten«. (s.o.) Unter diesem Schutz- und Rettungsschirm fühlte sich auch der Inlandsgeheimdienst »Verfassungsschutz« wohl und sicher. Als wäre der Verfassungsschutz eine außerstaatliche und außerrechtliche Institution, weigerte er sich, sein Wissen preiszugeben und die Fragen nach möglichen Verstrickungen zu beantworten.

Nach Angaben der *Bild*-Zeitung gab das Bundesamt für Verfassungsschutz/BfV die nun veröffentlichten Informationen erst nach einem Rechtsstreit und einem entsprechenden Urteil des Oberverwaltungsgerichts Nordrhein-Westfalen preis. Brisant ist seit langem die Frage nach möglichen V-Leuten im Umfeld des oder der Attentäter. (...) Einem Bericht der *Bild*-Zeitung zufolge hat das Bundesamt für Verfassungsschutz (BfV) jetzt erstmals offiziell zugegeben: Es verfügt über Anhaltspunkte für weitere Täter neben dem lange Jahre als Alleinschuldigen vermuteten Rechtsextremen Gundolf Köhler. »Es gibt in der beim BfV geführten Sachakte ›Sprengstoffanschlag am 26. September 1980 Hinweise auf und Recherchen nach weiteren Tätern außer Gundolf Köhler‹, habe das Bundesamt nun mitgeteilt, schreibt das Blatt.« (*tz München* vom 1.4.2017.)

Um welche möglichen Täter es sich handelt, welche V-Leute im Umfeld des »Einzeltäters« aktiv waren, verschweigt das BfV. Dass ein Inlandsgeheimdienst über dreißig, vierzig Jahre nicht eigenmächtig handelt, sondern im Dienst seiner Vorgesetzten, sollte erwähnt und bedacht werden.

Wenn das Ermittlungsergebnis falsch ist, dann beseitigt man alle Spuren, die dies beweisen könnten.

Es gab im Zuge der Ermittlungen Tausende von Spuren. Auch die Ermittler, die den Fall 2014 neu aufrollten, überprüften Hunderte Spuren. Die entscheidenden Fährten, die zu möglichen (Mit-)Tätern führen könnten, wurden jedoch bereits aus dem Weg geräumt.

Vieles, was in den Ermittlungen damals falsch gelaufen war, hatte man als »Pannen« entschuldigt und erklärt. Das ist bis heute die einzige Erklärung. Dabei zeigen die

Ermittlungen jedoch alles andere als Einfühlvermögen, sondern die Bereitschaft zur fortgesetzten Vertuschung.

Nehmen wir einmal an, dass man Zeugenaussagen falsch gewichtet, dass man Spuren übersehen hatte, also all das, was ganz menschlich ist und auch mal gehäuft vorkommen kann. Warum beseitigt man dann – ohne jede Hektik und Ermittlungsdruck – all die Spuren, die zu weiteren möglichen Attentätern führen könnten?

Warum beseitigt man kurz nach Abschluss der Beweissicherung im Februar 1981 die 48 Zigarettenkippen, die sich in Köhlers Wagen befanden?

Warum beseitigt man die Sprengstoffproben, die Auskunft über deren Herkunft geben könnten?

Warum geht man siebzehn Jahre später (1997) ganz sicher und lässt Fragmente eines abgetrennten Arms »entsorgen«, der am Tatort gefunden wurde?

All das macht man mit Bedacht und Weitsicht und im klaren Wissen um die Strafbarkeit, denn Beweisstücke müssen aufbewahrt (asserviert) werden, solange die in diesem Zusammenhang begangenen Straftaten nicht verjährt sind. Mord und Beihilfe zu Mord verjähren jedoch nicht.

Diese ›tickenden Zeitbomben‹ mussten beseitigt werden, damit man bei einer Wiederaufnahme des Verfahrens nicht auf diese Spuren zurückgreifen kann. Münchens Oberbürgermeister Reiter nennt immerhin den wesentlichen Grund für die Einstellung der Ermittlungen: »Die Gründe hierfür liegen sicher insbesondere in den massiven Verfehlungen und Versäumnissen der ursprünglichen Ermittlungen unmittelbar nach der Tat.« (*sueddeutsche.de* vom 8. Juli 2020.)

Stay-behind – eine staatlich organisierte Terrorstruktur mit »unbelasteten« Paten

Stellen Sie sich folgende Kurzfassung eines Drehbuches vor: Nazis, die das Dritte Reich überlebt haben, werden ab Mitte der 1950er Jahre als irreguläre Truppen wiederbewaffnet, um hinter den Linien gegen die »kommunistische Gefahr« zu kämpfen.

Ausgebildet und geführt werden sie von der NATO, dem nordatlantischen Verteidigungsbündnis. Der Chef dieser irregulären Truppen wird in Deutschland der (Ex-)Nazi und Wehrmachtsoffizier Reinhard Gehlen, der nach der militärischen Niederlage des Dritten Reiches damit betraut wird, einen Auslandsgeheimdienst aufzubauen. Aus dieser ›Organisation Gehlen‹ wird später der Bundesnachrichtendienst (BND).

Gehlen bekommt als BND-Chef u. a. den Auftrag, das Privatleben des Staatsanwaltes Fritz Bauer auszuspionieren. Dieser will sich nicht abhalten lassen, einen Prozess gegen ehemalige KZ-Wärter zu führen. Außerdem verfolgt er eine wichtige Spur zu Adolf Eichmann, der »abgetaucht« war. StA Bauer soll daran gehindert werden, mit lancierten Indiskretionen über sein Schwulsein und mit dem Versuch, ihm Landesverrat vorzuwerfen. Diese Vorhaben genießen hochkarätige Zustimmung und Protektion. Im Bundeskanzleramt hat man dafür den passenden Mann: Hans Globke. Dort hatte man ihn zum Kanzleramtschef gemacht. Davor gehörte Hans Globke zur Führungselite im Dritten Reich und schaffte es dort bis zum Ministerialrat im Reichsinnenministerium.

Nun wird dieser Ex-Nazi damit beauftragt, das aus dem Weg zu räumen, was Bundeskanzler Konrad Adenauer für »Erbsenzählerei« hält. Tatsächlich hat währenddessen die notwendige Entnazifizierung Deutschlands Verfassungsrang.

Das Zusammenspiel von ehemaligen Nazifunktionären und »nicht belasteten« Regierungsmitgliedern funktioniert hervorragend: Man hat »unbelastete« Demokraten, wenn man sie vorzeigen muss, und man hat erfahrene Nazis, wenn man sie braucht. Und falls doch etwas nicht ganz rund läuft, hat man einen parteieigenen Geheimdienst, der potenzielle Gegner ausfindig machen und ggf. neutralisieren soll.

Es wäre nicht verwunderlich, wenn Sie beim Lesen dieser Drehbuchvorlage sofort abwinken würden: zu holzschnittartig, viel zu karikaturenhaft und völlig überzeichnet. Oder Sie werfen gleich das Lasso mit dem Namen »Verschwörungstheorie« über die Angelegenheit und das Skript in den Papierkorb.

Ich verrate nicht zu viel: Im ersten Fall ist die Wirklichkeit (manchmal) blühenden Fantasien und dem antizipatorischen Vorstellungsvermögen weit voraus. Im zweiten Fall wird sich das ausgeworfene Lasso um den eigenen Hals legen.

Ex-Nazis und Jungnazis als geheime Armee im »neuen« Deutschland

Ende der 1950er Jahre wurde auf NATO-Ebene beschlossen, Faschisten in einem geheimen Programm zu bewaffnen und auszubilden, um sie als irreguläre Einheiten einzusetzen. Das Szenario, das die Wiederbewaffnung von Faschisten in Europa rechtfertigen sollte, ging von einem militärischen Überfall der Sowjetunion auf den friedliebenden Westen aus. Die Faschisten sollten darin die Aufgabe übernehmen, sich »überrollen« zu lassen, um dann hinter den Linien den kommunistischen Feind zu bekämpfen. Aus dieser Zeit stammt auch der Name dieses Programms: stay behind.[20]

Dazu legte man über die ganze Bundesrepublik verteilt geheime Waffendepots an und schulte Ex-Nazis und Neofaschisten in Techniken des Nachrichtenwesens und der Sabotage. Zu deren Aufgaben zählte man das Ausschalten von »Kollaborateuren«, die man in Deutschland bis in linke SPD-Kreisen hinein und in der aufkommenden Friedensbewegung vermutete.

Die von der CIA aufgebauten Söldner-Netzwerke wurden 1956 vom BND übernommen, wodurch der Auslandsgeheimdienst rechtswidrig im Inland tätig wurde. »Reinhard Gehlen teilte noch 1956 als Chef der US-geführten ›Org‹ und wenige Tage, bevor er BND-Präsident wurde, den Amerikanern mit, dass er Stay-behind-Truppen im Innern gegen deutsche Politiker einsetzen würde, falls diese Westdeutschland auf Neutralitätskurs bringen würden.«[21]

Zur Größe dieses staatlich-organisierten Terrornetzwerkes führt der Journalist und Autor Ulrich Stoll aus: »Die größte frühe Stay-behind-Organisation, der BDJ-TD[22], hatte 2.800 Kämpfer ausgebildet und plante, bis zu 7.000 Antikommunisten als Partisanen zu rekrutieren. Die vom BND geführte Stay-behind-Organisation hatte anfangs rund 500 ›Schläfer‹, die als Partisanen im Kriegsfall aktiv werden sollten. Deren Zahl sank bis in die 1980er Jahre auf rund 100 Personen. Es gab aber eine unbekannte Zahl von

20 *Stay-behind – eine staatlich organisierte Terrorstruktur mit »unbelasteten« Paten*, Wolf Wetzel: https://wolfwetzel.de/index.php/2017/05/01/stay-behind-eine-staatlich-organisierte-terrorstruktur-mit-unbelasteten-paten/

21 Ulrich Stoll, Filmemacher, Journalist und Mitautor des Buches »Die Partisanen der NATO«, Ch. Links Verlag 2016.

22 BDJ-TD steht für Technischer Dienst des Bundes Deutscher Jugend. Ein von den USA inspirierter und finanzierter paramilitärischer Verband. https://www.deutschlandfunk.de/geheimorganisationen-im-kalten-krieg-partisanen-der-nato-100.html

Helfern und ein paar Dutzend hauptamtliche Offiziere. Der militärische Arm der Stay-behind-Organisation, die als Bundeswehreinheit getarnte Lehr- und Ausbildungsgruppe für das Fernspähwesen der Bundeswehr, sollte auf bis zu 375 aktive Fallschirmspringer ausgebaut werden.« (s. o.)

In den 1970er Jahren passte man das Bedrohungsszenarium den veränderten Bedingungen an. Die »Russen« kamen nicht. Aber der Feind, der die »rote Gefahr« ersetzen sollte, war schon da. Durch die zahlreichen Proteste und Bewegungen in Europa in Anschluss an die 1968er-Revolten sah man Regierungen oder gar die kapitalistische Ordnung in Gefahr. Was mit legalen Mitteln nicht mehr unterdrückt werden konnte, sollte mithilfe dieser faschistischen Reserve bekämpft werden.

Faschisten sollten durch gezielte Angriffe auf Antifaschisten die Linke schwächen und durch Anschläge auf linke Parlamentarier ein Klima schaffen, das der Regierung freie Hand dabei geben sollte, Schutzrechte außer Kraft zu setzen oder gar einen Militärputsch zu legitimieren (wie dies als Worst Case geplant war). Hunderte von Toten und Dutzende von Bombenanschlägen gehen auf das Konto dieser »Stay-behind-Operationen«.

Gleichzeitig entschied man sich, dieses terroristische Potenzial für eine »Strategie der Spannung« einzusetzen: Mit furchtbaren Terroranschlägen, die auf den ersten Blick wahllos und sinnlos erschienen (wie der Bombenanschlag in Bologna am 2. August 1982 oder der mörderische Anschlag auf das Oktoberfest in München am 26. September 1980), sollte ein Klima der Angst herbeigeführt werden, in dem die Bevölkerung bereit ist, weitere Einschränkungen von Freiheits- und Schutzrechten hinzunehmen – bis hin zur Ausrufung des Staatsnotstandes. Gleichzeitig nutzte man diese verheerenden Terroranschläge, indem man linke Gruppierungen (in Italien die Roten Brigaden, in Deutschland die RAF) dafür verantwortlich machte, um so weitere repressive Maßnahmen gegen Linke zu legitimieren. Im Prinzip ging es darum, militante Gruppen der Linken, die man nicht mehr parlamentarisch einhegen konnte, mit extra-legalem Terror zu bekämpfen, auszuschalten. Diese Symbiose aus neofaschistischen Kadern, militärischen Führungsstäben und Geheimdiensten bekam in Italien den Namen »Gladio«. Eine Anspielung auf das römische Kurzschwert, das man bevorzugt im Nahkampf eingesetzt hatte.

Die daran beteiligten Regierungen legten sich auf diese Weise neben dem existierenden Gewaltapparat eine Terrorstruktur zu, die hinter den legalen Linien bzw. Grenzziehungen operierte.

In einigen Ländern wie Italien, der Schweiz und zuletzt in Luxemburg wurde die Geschichte dieses Staatsterrorismus politisch aufgearbeitet, zumindest in Angriff genommen. In Deutschland herrscht bis zum heutigen Tag parteiübergreifendes Schweigen.

Konrad Adenauer – der beliebteste Bundeskanzler und der Pate von Gladio

»*Man schüttet kein schmutziges Wasser weg, solange man kein sauberes hat.*« (Konrad Adenauer, 1953)

Das Magazin *Der Spiegel* überraschte in seiner April-Ausgabe 2017 mit einer Titelstory: Die Geheimakte Konrad Adenauer. In dem siebenseitigen Beitrag sind viele Ostereier versteckt. Zum einen fragt man sich, warum es eine Geheimakte deutscher Geheimdienste über Konrad Adenauer gibt? Er war kein Untergrundchef, sondern der erste Bundeskanzler nach dem Dritten Reich. Er wurde zum »beliebtesten« Bundeskanzler erkoren. Er galt – mit Blick auf das Dritte Reich – als »unbelastet« und in seinem ganzen Auftreten besonnen und altersweise.

Was gibt es also bei einem solchen Mann zu verheimlichen?
Warum wurden diese Akten zum »Staatsgeheimnis« erklärt? Und warum werden sie (wahrscheinlich in Auszügen) jetzt öffentlich gemacht? Und: Was will man mit den selektiv veröffentlichten Dokumenten sagen bzw. erreichen?

Auch wenn man ganz sicher von einem sehr kontrollierten, also gesteuerten Aufklärungswillen ausgehen darf, ist das jetzt veröffentlichte Material durchaus bedeutsam, wenn man es mit anderen Puzzlestücken zusammenbringt, die die »dunkle« Seite der 1950er und 1960er Jahre beleuchten.

Dass die Geheimakten nur in homöopathischen Dosen in die Öffentlichkeit gespielt werden, kann man eindeutig belegen: Gladio wurde in den 1950er Jahren aufgebaut – auch in Deutschland. Gehen wir von der unfreundlichsten Variante aus, dann wurde Gladio bzw. stay behind ohne Zustimmung und Einbindung der westlichen Partner durch US-Behörden in die Welt gesetzt.

Ganz sicher lässt sich jedoch sagen, dass spätestens 1956 die Führung und Anleitung dieser »faschistischen Reserve« in die Hände des deutschen Auslandsgeheimdienstes BND gelegt wurde. Da der BND nicht führerlos agierte, sondern dem Bundeskanzleramt unterstellt war und ist, darf man ab diesem Zeitpunkt von einer direkten Verantwortung der Bundesregierung ausgehen, also auch vom Wissen des Bundeskanzlers Konrad Adenauer.

In diesem Kontext ist ein Verweis ganz besonders interessant, den das Magazin in seinen Beitrag eingebaut hat, obwohl dieser vom US-amerikanischen Geheimdienst CIA bereits vor Jahren freigegeben wurde: »Im März 1956 schlägt Gehlen (...) den Amerikanern vor, gemeinsam einen Plan für den Fall auszuarbeiten, dass in Bonn eine Regierung aus Sozialdemokraten und »Anti-Adenauer Elementen der Rechten« zustande kommt. (...) Eine solche

Regierung sei laut Gehlen »anfällig für politische Zersetzung und schließlich Kontrolle durch den Osten«. Der Geheimdienstler sieht sich laut CIA »dann moralisch berechtigt, alle möglichen Schritte zu unternehmen, einschließlich der Etablierung eines illegalen Apparats in der Bundesrepublik, um alle Elemente zu bekämpfen, die eine pro-sowjetische Politik verfolgen«. Im Klartext: Gehlen will eine Untergrundoperation etablieren, um gegen eine Bundesregierung vorzugehen, die ihm nicht genehm ist.«[23]

Wie bereits erwähnt, hatte der BND unter Führung des Ex-Nazis Gehlen im gleichen Jahr die stay-behind-Geheimarmee übernommen. All das weiß auch das Magazin *Der Spiegel*. Warum bringt es den »illegalen Apparat«, den Staatsstreichgedanken nicht mit der bereits existierenden Untergrund-Reserve zusammen?

Wieso fragt das Magazin nicht nach, warum sich dazu nichts in den jetzt freigegebenen Unterlagen findet? Warum hüllt es diesen Zusammenhang in Schweigen? Warum fällt nicht einmal das Wort »stay-behind«?

Nebenbei wird der »nationalsozialistische Untergrund« der Stunde Null sichtbar:

Ein Ex-Nazi, der sich in der FDP versteckt hatte, dort als Lothar Weirauch Karriere machte, für die CDU Spitzeldienste unternahm und vom BND »ein monatliches Fixum von mindestens 2.000 Mark« erhielt.

Ein von der CDU eingerichteter »Parteigeheimdienst«, der u.a. »belastendes Material« gegen den SPD-Kanzlerkandidaten Willy Brandt sammeln soll.

Die Streuung von Falschmeldungen, um ungeliebte politische Gegner auszuschalten.

Die Einrichtung eines »geheimen Dispositionsfonds«, »um das Wohlwollen von Politikern oder Diplomaten zu erlangen.« (s.o.).

23 Die Geheimakte Konrad Adenauer, Der Spiegel, April 2017.

Der Kanzlerauftrag an den Geheimdienst, »die Medien zu manipulieren und auszuforschen«.

Selbst das, was heute als »false flag«, also Operationen unter falscher Flagge, bezeichnet wird, hatte die Adenauer-Regierung im Repertoire: Als ihr zugetragen wurde, dass der *Spiegel* in Geldnot sei, hat man überlegt, diesen einfach zu kaufen: *»Die SPIEGEL-Leute sollen dann so tun, als wären sie unabhängig. Man könne das Blatt ›ruhig weiter als Oppositionsblatt laufen lassen, jedoch gewisse Dinge verhindern‹, hofft Adenauers Adlatus Globke.« (s. o.)*

Wenn man diesen filetierten Erkenntnissen die inbrünstige Empörung Bonner Politiker über die Spitzeltätigkeiten der DDR-Staatssicherheit (STASI) gegenüberstellt, ist es sicherlich nicht übertrieben, diese mit einem vorgetäuschten Höhepunkt zu vergleichen.

Wenn eine Nicht-Existenz vollständig aufgelöst wird

Wer in den 1970er oder 1980er Jahren eine organisatorische Zusammenarbeit von westlichen Geheimdienst und (Ex-) Nazis behauptet hätte, hätte bestenfalls Schulterzucken geerntet, im schlechtesten Fall Stirnrunzeln.

Spätestens seit 2013 verfügt dieses Horrorszenario über ein staatliches Hoheitssiegel:

Man fühlt sich an die »Banalität des Bösen« (Hannah Arendt) erinnert, wenn man die Antwort der Bundesregierung auf eine Anfrage der Partei Die Linke liest, die im Plenarprotokoll 17/236 dokumentiert ist. Auf die parlamentarische Anfrage des Bundestagsabgeordneten Andrej Hunko, »welche eigenen Anstrengungen (...) die Bundesregierung in den letzten 20 Jahren unternommen (hat), um die Beteiligung ihrer Behörden an weiteren Tätigkeiten der besagten ›Gladio/Stay-behind‹-Truppe der NATO auszuschließen oder zu bestätigen«, erklärte der Staatsminister Eckard von

 Klaeden: »Infolge der weltpolitischen Veränderungen hat der Bundesnachrichtendienst in Abstimmung mit seinen alliierten Partnern zum Ende des 3. Quartals 1991 die Stay-behind-Organisation vollständig aufgelöst.«[24]

Was hier in einem Satz ad acta gelegt wird, ist keine Verordnung für alte Glühbirnen, sondern die jahrzehntelange Zusammenarbeit von (Ex-)Nazis und Geheimdienst, mit einer Blutspur, die sich durch ganz Europa zieht.

Vierzig Jahre lang wurde mit viel Aufwand und noch mehr Rechtsbrüchen etwas betrieben, was selbst in einer Horrorgeschichte zu plump erschienen wäre. Es war gegen alle bestehenden Gesetze, gegen die noch junge Verfassung und an allen parlamentarischen Kontrollinstanzen vorbei aufgebaut worden. Dass keine der im Bundestag vertretenen Parteien Strafanzeige erstattet oder einen parlamentarischen Untersuchungsausschuss beantragt, spricht für den Gleichschritt aller regierungswilligen Parteien bzw. ihre Bereitschaft, in Fragen des »Staatswohles« auch Rechts- und Verfassungsbrüche zu akzeptieren und zu decken.

Warum selbst die Partei Die Linke, die als einzige Partei in diese Form des Staatsterrorismus nicht eingebunden war, politisch keine Schritte unternimmt, um dieses bis heute geltende Gesetz des Schweigens zu durchbrechen, muss sie selbst beantworten.

Denn es geht in der Aufarbeitung dieses staatsterroristischen Untergrundes nicht nur um die Straftaten und Verbrechen, die im Kontext von stay-behind begangen wurden. Die Art und Weise, wie stay-behind bis heute nicht aufgeklärt wird, wirkt bis in die Gegenwart hinein – auch mit Blick auf den Nationalsozialistischen Untergrund/NSU.

24 Plenarprotokoll 17/236, Anlage Nr. 15, S. 64 vom 24.4.2013. https://dserver.bundestag.de/btp/17/17236.pdf

»Die Stunde Null« wurde lange für das Jahr 1945 nach der bedingungslosen Kapitulation Deutschlands angewandt. Andere nutzten den Begriff für das Jahr 1948, als Westdeutschland mit der ersten Sitzung des Parlamentarischen Rates in die Weltgeschichte zurückgeschickt werden sollte.

Die Stunde Null stimmt auf eine gewisse Weise. Man könnte fast meinen, dass es ungewollt ehrlich war. Denn man wollte 1948 von vorne anfangen und die zwölf Jahre Faschismus und Krieg vergessen. Darin waren sich fast alle einig, die Soldaten, die den Krieg überlebt hatten, die politische Klasse, die nun das »bessere« Deutschland aufzubauen versprach. Es herrschte klassenübergreifendes Schweigen, was dieses »dunkle Kapitel« Deutschlands anbelangte.

Der Schriftsteller Ralph Giordano gab diesem Nachkriegskonsens den sehr treffenden Namen: die zweite Schuld.

Politisch und gesellschaftlich wurde dieses Schweigen erst durch die 1968er-Revolten gebrochen. »Unter den Talaren – Muff von 1.000 Jahren« riefen Studenten den stocksteifen Hochschullehrern zu. Dazu gehörte auch der Mief des Faschismus, wenn man ihre Verkleidung lüftete. Nicht nur die Hochschule wurde infrage gestellt, sondern auch die eigenen Eltern, die in aller Regel an dem Schweigen beteiligt waren. Es gab in der Folge viele familiäre Brüche, aber auch ein paar öffentliche Skandale, die andeuteten, was alles unter den Teppich gekehrt worden war.

In den Fokus geriet unter anderen der damalige baden-württembergische Ministerpräsident Hans Filbinger. Im Jahr 1966 war er mit einem Engelsgesicht zum »Landesvater« avanciert ... bis ihn bald darauf seine Vergangenheit einholte. Er war Träger des Großkreuzes des Verdienstordens der Bundesrepublik Deutschland, Inhaber der Verdienstmedaille des Landes Baden-Württemberg. All das konnte er nach dem Ende des Faschismus in Deutschland einheimsen. Dieser hoch dekorierte Prof. Dr. Dr. h.c. Hans Filbinger ordnete als NS-Marinestabsrichter am 15. März 1945, sieben Wochen vor Kriegsende, die Vollstreckung eines Todesurteils wegen Fahnenflucht und Wehrkraftzersetzung an. So sah und sieht die »Vergangenheitsbewältigung« aus: Das ehemalige NSDAP-Mitglied Hans Filbinger blieb zwölf Jahre Ministerpräsident (1966 bis 1978), gedeckt von Nazis und Nicht-Nazis. Von ihm stammt der Ausspruch aus dem Jahr 1978: *»Was damals rechtens war, kann heute nicht Unrecht sein!«* [25]

Doch all das blieben mehr oder weniger Einzelfälle. Denn Stimmung und Haltung der Nachkriegsgeneration waren unterwürfig, aber eben auch aggressiv. Wer das Schweigen zu durchbrechen suchte, küsste den nationalsozialistischen Untergrund der Stunde Null wach. Dieses Schweigen war parteiübergreifend und alles andere als ein exklusiv »rechtes« reaktionäres Problem. Die Sozialdemokratie verhielt sich kaum anders. Man protegierte sich gegenseitig. Denn auch die nicht-faschistischen Parteien der Weimarer Republik waren sich ihres Anteils daran bewusst, dass die NSDAP an die Macht gekommen war, dass der Widerstand fast gänzlich ausgeblieben war.

Diese Allianz musste aus der Deckung hervorkommen, als es ein sozialdemokratischer Staatsanwalt namens Fritz Bauer wagte, die Phalanx des Vergessens zu durchbrechen.

Ihm ist es zu verdanken, dass es in Frankfurt zu den sogenannten Auschwitzprozessen kam. Das Besondere

25 *Affäre Filbinger: »Was Rechtens war …«*, Spiegel 20/1978: https://www.spiegel.de/politik/affaere-filbinger-was-rechtens-war-a-9b1dbeab-0002-0001-0000-000040615419

daran war nicht nur, dass der Prozess eröffnet wurde. Es war auch der erste Prozess, der sichtbar machen sollte, wie viele hinter der »ersten Reihe« der Nazi-Größen an Kriegs- und Menschheitsverbrechen beteiligt waren. Plötzlich wurde Bauer selbst verfolgt, denunziert und bespitzelt – wie zu jenen Zeiten, die angeblich der Vergangenheit angehören sollten.

Fritz Bauer leitete in den 1960er Jahren als Frankfurter Generalstaatsanwalt die Auschwitzprozesse gegen ehemalige Angehörige und Führer der SS-Wachmannschaft. Er machte sich damals viele Feinde, nicht nur unter den ehemaligen Anhängern und Sympathisanten des »Dritten Reiches«, was nicht anders zu erwarten war. Was Fritz Bauer verständlicherweise besonders treffen musste, war die Tatsache, dass er nicht einmal den eigenen Behörden trauen konnte, weder denen, die er anwies, noch jener, der er unterstand. Die Weigerung, mit dem Generalstaatsanwalt zu kooperieren, war behördenübergreifend: Es reichte von der Polizei über die Geheimdienste bis zum Innenministerium und zum Bundeskanzleramt.

Diese deprimierende Erfahrung fasste Fritz Bauer nüchtern so zusammen: »Wenn ich mein Dienstzimmer verlasse, betrete ich Feindesland.« [26]

Wie weit dieses Feindesland reichte, spiegelte der ausgezeichnete Polit-Krimi »Die Akte General« wider. Als klar war, dass der Generalstaatsanwalt nicht nur den Prozess gegen KZ-Wärter führen wollte, sondern auch am Auffinden von Adolf Eichmann beteiligt war, machte sich der nationalsozialistische Untergrund der »Stunde Null« auf seine Weise bemerkbar: Der deutsche Auslandsgeheimdienst BND, ein Sammelbecken ehemaliger Nazis und Gestapo-Mitglieder, platzierte in der Umgebung von

26 *Der Welt die Augen für Auschwitz geöffnet*, faz.net vom 25.04.2014: https://www.faz.net/aktuell/rhein-main/frankfurt/ausstellung-ueber-fritz-bauer-der-welt-die-augen-fuer-auschwitz-geoeffnet-12907690.html

 Fritz Bauer einen Spitzel, der das Ziel hatte, sowohl kompromittierendes Material über ihn zu sammeln (auch, was seine Homosexualität anbelangte), als auch den Stand der Fahndung nach Adolf Eichmann in Erfahrung zu bringen, um so gegebenenfalls den »Kameraden« Eichmann zu warnen. Zu den größten Feinden von Bauer zählte auch der Chef des Bundeskanzleramtes, Hans Globke. Auch und gerade er hatte massives Interesse daran, dass die »Entnazifizierung« ein systemischer Reinfall wurde. Hans Globke gehörte zur Führungselite im Dritten Reich und schaffte es dort bis zum Ministerialrat im Reichsinnenministerium. Er bewies sich in zahlreichen Positionen als glühender Faschist und Antisemit.

Die Absicht von Fritz Bauer, Globke wegen seiner NS-Vergangenheit anzuklagen, gab er auf. Seine Hilfe beim Auffinden von Eichmann war hingegen erfolgreich.

Eine Große Koalition des Verschweigens

Die von Fritz Bauer angestrengten Auschwitzprozesse durchbrachen eine unsichtbare »rote Linie«: die Legende von einem deutschen Faschismus, an dem nur der Führer (und ein paar Getreue) schuld waren. Damit konnten sich all diejenigen, die ihm zuriefen und ergeben dienten, als Opfer der Verblendung und Verführung unter die wirklichen Opfer des deutschen Faschismus mischen.

Dieses in Teilen gesellschaftlich und politisch vorherrschende Gefühl, mit dem, was man begeistert unterstützt oder aus Angst hatte geschehen lassen, in Ruhe gelassen zu werden, hatte auch eine parteiübergreifende Basis. So versteckten sich viele ehemalige NSDAP-Mitglieder und Repräsentanten des »Dritten Reiches« in der neu gegründeten FDP. Schließlich konnte man ihr keine Kontinuität zum deutschen Faschismus vorwerfen, denn es gab sie vor dem »Dritten Reich« noch nicht. Also ein idealer, unverdächtiger Ort, um ungehindert weiter Karriere zu machen.

Aber auch dort, wo Fritz Bauer seit Jahrzehnten politisch beheimatet war, in der SPD, konnten Nazis bestens überleben. Sie fanden nicht nur Unterschlupf, sie gelangten sogar in führende Positionen. Was Fritz Bauer, der 1933 aufgrund seiner politischen Tätigkeit und seiner jüdischen Herkunft aus Deutschland geflohen war, auch unter »Genossen« auszuhalten hatte, ist kaum in Worte zu fassen.

All das wussten seine Freunde und seine Feinde. Denn die US-Regierung war 1967 bereit, die im Berlin Document Center/BDC gelagerten NSDAP-Akten an deutsche Stellen zu übergeben. Tatsächlich gelang es in einer parteiübergreifenden Aktion sage und schreibe weitere 27 Jahre lang (bis 1994) die NSDAP-Akten unter Verschluss zu halten: »Die im BDC verwahrte Mitgliederkartei der NSDAP gab fast 50 Jahre nach dem Ende des NS-Regimes vertraute Namen preis, darunter drei Bundespräsidenten – Walter Scheel (FDP), Karl Carstens (CDU) und Heinrich Lübke (CDU), den ehemaligen Präsidenten des Deutschen Bundestages Richard Stücklen (CSU), die Außenminister Hans-Dietrich Genscher und Walter Scheel (beide FDP), Wirtschafts- und Finanzminister Karl Schiller (SPD) und Liselotte Funcke (FDP), Kanzleramtschef Horst Ehmke (SPD), den ehemaligen Fraktionschef der CDU/CSU-Bundestagsfraktion Alfred Dregger und viele mehr.« Und mit Blick auf die SPD ergänzte die *Frankfurter Rundschau* damals (2013) bitter: »Man gewann den Eindruck, das Land sei in seinen frühen Jahren von ehemaligen NSDAP-Mitgliedern regiert worden. Der Eindruck täuschte nicht. Allein in der Regierung Willy Brandts saßen zwölf ehemalige Nationalsozialisten.«[27]

27 *Die Flakhelfer am Kabinettstisch, FR* vom 22.6.2013

72 Auf dem Gedenkstein, der in Frankfurt 2016 eingeweiht wurde, hat man ein Zitat von Fritz Bauer verewigt: »Sie müssen wissen, es gibt einen Eisberg und wir sehen einen kleinen Teil und den größeren sehen wir nicht.«[28]

28 *Fritz Bauer und eine mehr als okkupatorische Ehrung*, Wolf Wetzel: https://wolfwetzel.de/index.php/2016/05/20/fritz-bauer-und-eine-mehr-als-okkupatorische-ehrung/

Die Angst des Antifaschismus vor seiner eigenen Idee

»Wer vom Kapitalismus nicht reden will, soll vom Faschismus schweigen.« (Max Horkheimer, 1939)

Wenn man von Antifaschismus redet, könnte man vermuten, dass alle dasselbe meinen. Wie falsch diese Annahme ist, zeigt sich am deutlichsten auf der Straße, wenn es darum geht, einen Neonazi-Aufmarsch zu verhindern oder einen Parteitag neonazistischer Organisationen (NPD, Republikaner) zu blockieren. Selbst an diesem sehr praktischen Punkt scheiden sich die Geister.

Noch schwieriger wird es, wenn man sich fragt:

Welche politischen Positionen, Organisationen und Parteien würden wir mit faschistischem Gedankengut und Theoremen in Verbindung bringen?

Wie weit soll und darf ein Bündnis reichen, wenn es gegen Neonazismus und Faschismus geht?

Welche Faschismustheorie ist den verschiedenen politischen Ansätzen hinterlegt?

Welche Bedeutung haben heute neonazistische Organisationen und Parteien für die Aufrechterhaltung der kapitalistischen Ordnung?

Im Folgenden geht es darum, in Zehnjahresschritten die verschiedenen Phasen des Antifaschismus zu charakterisieren, um die sehr unterschiedlichen politischen Positionen unter sich verändernden gesellschaftlichen Bedingungen herauszuarbeiten.

Die meisten außerparlamentarischen, autonomen, militanten Gruppen, bis hin zum Kommunistischen Bund/KB, der damals stark in die Bewegungen hineinwirkte, verstanden Antifaschismus nicht als eigenes Aktionsfeld – mit der Notwendigkeit, sich in Antifa-Gruppen zu organisieren. Der Schwerpunkt fast aller Aktivitäten lag in der Auseinandersetzung mit kapitalistischen Entwicklungen (Häuserkampf, Anti-AKW-Kampf) und ihren imperialen Auswirkungen (Anti-Kriegs-Bewegung, Kampf gegen die Remilitarisierung, Internationalismus). Es ging darum, den Ist-Zustand zu bekämpfen, mit Vorstellungen von einer nicht-kapitalistischen Gesellschaft (in Gestalt anarchistischer, autonomer, basisdemokratischer Utopien).

Die Gefahr, im Kampf gegen neonazistische Aktivitäten den Ist-Zustand gegen eine mögliche Verschlimmerung zu verteidigen, bestand kaum. Die Erfahrungen, die man mit diesem kapitalistischen Staat gemacht hatte, die bürgerlichen Parteien, die sich in Gestalt von Opposition und Regierung bei der Optimierung abwechselten, standen im Zentrum des politischen Handelns und Denkens. All das führte zu einer großen Distanz gegenüber einem Antifaschismus, der alle »demokratischen Kräfte« im Kampf gegen den Neonazismus vereinen wollte. Das waren damals vor allem die DKP, die VVN und Gruppierungen, die ihnen nahestanden. Unentwegt und unbeirrt riefen sie dazu auf, mit allen demokratischen Parteien (von CDU bis SPD) zusammen dem Neofaschismus entgegenzutreten. Diese breite Bündnispolitik verstanden sie als Lehre aus dem deutschen Faschismus. Nur wenn alle demokratischen Kräfte vereint dem neuen Faschismus die Stirn böten, seien die Lehren aus dem Scheitern des Antifaschismus der 1930er Jahre, die Lehre aus der Zerstrittenheit zwischen der SPD und der KPD gezogen.

Der Höhepunkt sozialer Bewegungen war überschritten, die Massenmilitanz stieß an ihre Grenzen. Die Frage, wie man fließende Bewegungen und verbindliche Organisationsformen zusammenbringen kann, stand im Raum, als der große Himmel, der sich darüber wölbte, zusammenbrach: Der sozialistische Ostblock implodierte, der kapitalistische Westen erklärte sich fortan für alternativlos.

Eine bis dahin nicht für möglich geglaubte Pogromwelle erfasste das wiedervereinigte Deutschland. Flüchtlingsheime wurden belagert, Wohnhäuser angezündet, Menschen, die nicht deutsch genug waren, wurden angegriffen, zusammengeschlagen und verbrannt. Dass es dieses stillgelegte Potenzial an rassistischen, antisemitischen und nationalistischen Lebenshaltungen gab, konnten sich viele irgendwie erklären. Was jedoch in dieser Art und Eindeutigkeit neu war, war die Haltung der Regierenden: Sie forderten geradezu dazu auf, das selbst induzierte Thema »Asylmissbrauch«, »Das Boot ist voll« selbst in die Hand zu nehmen. Nicht wenige, die in den 1990er Jahren an Pogromen beteiligt waren, verstanden ihr Tun als eine Art Regierungsauftrag. Dieses mörderische Zusammenspiel aus oben und unten, Regierenden und Regierten versuchten einige Analysen einzufangen:

Zum einen wurde eine deutliche Verschiebung der Herrschaftsstabilisatoren festgehalten: War die Zustimmung zur jeweiligen Regierungspolitik bislang sehr stark von einem »passiven Konsens« getragen, so verschob sich dieses hin zu einem »rassistischen Konsens«, der sich aktiv konstituierte. Mit Rassismus stellte man sich nicht mehr außerhalb der (guten) Gesellschaft, man generierte eine neue Mitte. Diese neue Mitte wollte endlich wieder einen »gesunden Nationalstolz« (aus-)leben, der bis in die 1980er Jahre als Weggefährte des Nationalsozialismus verstanden wurde und damit als »normales Volksempfinden« diskreditiert war.

Das Konstatieren eines rassistischen Konsenses hatte eine gute und eine gefährliche Seite. Wichtig und notwendig war dieser Begriff, um deutlich zu machen, dass man nicht alles nach oben abschieben kann, dass die da unten mehr als Verführte und Opfer falscher Parolen sind. Gefährlich wird dieser Begriff, wenn er nur jene vor Augen hat, die man sieht (auf der Straße als Mob, als Neonazis) und nicht diejenigen, denen wir selten begegnen: in den Büros, in den Dienststellen, in den Abgeordnetenräumen. Bereits zu dieser Zeit war demzufolge umstritten, welche Bedeutung diejenigen haben, mit denen wir auf der Straße konfrontiert sind und jene, die wir nie zu Gesicht bekommen. Mit der Entscheidung, den Aufruf zur Blockade des Bundestages 1993 mit der Parole »Die Brandstifter sitzen in Bonn« zuzuspitzen, wurde eine Abwägung getroffen, die nicht nur die unmittelbar Beteiligten abbildet, sondern auch das Machtgefälle und die Herrschaftsverhältnisse.

Andere Analysen sahen in dieser blutigen Entwicklung mehr als einen eliminatorischen Rassismus. Für sie schienen Konturen eines »Vierten Reiches« auf, eine diktatorische Ordnung im Inneren und die Wiederbelebung eines »Großdeutschlands«, das auch mit Krieg, gegebenenfalls auch gegen die bisherigen Alliierten durchgesetzt werden soll.

Diese sehr epochalen globalen wie nationalen Umbrüche hatten weitreichende Auswirkungen: Der Himmel an Utopien brach zusammen, der innere Kompass, mehr zu wollen als den real existierenden Kapitalismus, verlor die Orientierung. Die Nadel schlug nervös in alle Richtungen aus. Auch wenn die Negativ-Utopie vom drohenden »Vierten Reich« weder in der Analyse noch in der Konsequenz (breit) diskutiert wurde, so spiegelte sie doch eine latente Stimmung wider: Jetzt geht es erst einmal nur darum, noch Schlimmeres zu verhindern, das, was einem noch nicht genommen wurde, zu verteidigen. Diese sehr defensive Haltung war auch ganz materiellen Veränderungen geschuldet: Gehörte ab Ende der 1960er Jahre »die Straße« einer systemkritischen Opposition, den Ungehorsamen, so verwandelte sich »die Straße« – mit Beginn der Pogrome – an vielen Orten der BRD in einen sicheren Ort derer, die sich nach Herrschaft und Unterwerfung sehn(t)en.

Angesichts dieser Kräfteverhältnisse, angesichts des Verlustes der »kulturellen Hegemonie« (im Sinne von: wer initiiert den Konflikt, wer hat Legitimität versus Recht, wer dominiert die Zuspitzung) verwundert der Ausgang dieses Rückzugsgefechts nicht sonderlich: Die Abschaffung des Asylrechts konnte 1993 fast widerstandslos durchgesetzt werden. Danach sollten Lichterketten und das Lifting eines »anständigen Deutschlands« die Brandspur des Rassismus ablöschen. Der Exzess der Straße wurde in ein geregeltes, institutionalisiertes (Asyl-)Verfahren überführt. Die darin engagierte Linke erschöpfte sich und neonazistische Gruppierungen und Kameradschaften schufen eine gut verankerte und bestens ausgestattete Infrastruktur, die auch ohne Masse auskommt – bis hin zum Aufbau terroristischer Strukturen.

Antifaschismus im 21. Jahrhundert

Selten kann man so eindrucksvoll nachzeichnen, wie sich weltpolitische, imperiale Verschiebungen nach unten hin durchpausen – bis hin zu einem Antifaschismus, der das ganze erste Jahrzehnt im neuen Jahrhundert prägen sollte.

Mit den mörderischen Anschlägen 2001, die heute nur noch piktografisch als 9/11 bezeichnet werden, machte die Herrschaft der Alternativlosigkeit Tabula rasa mit der alten Weltordnung aus den Zeiten zweier hegemonialer Blöcke (Kapitalismus – Sozialismus). Das Fell der Unterlegenen sollte neu verteilt werden.

Der Krieg gegen Afghanistan oder gegen den Irak war am allerwenigsten ein Kampf gegen Terror, gegen Diktaturen und Despotie. Es war der Auftakt, die imperialen Einflusszonen neu zu vermessen.

Dazu gehörte auch, dem (vermeintlichen) Erzfeind des kapitalistischen Westens ein neues Gesicht zu verpassen: der Islamismus. Ein Paradigmenwechsel. Was über vierzig Jahre als Kampf gegen Kommunismus verkauft wurde, wird nun mit dem Kampf gegen den Islamismus gelabelt.

Heute wissen wir, dass diese Kriege, die einen permanenten Kriegszustand (»Krieg gegen den Terror«) etabliert haben, nicht nur in Afghanistan, im Irak, in Libyen oder Syrien tobten. Auch die Gesellschaften der kriegswilligen Nationen wurden der Kriegslogik unterworfen. Allen voran die US-amerikanische und die britische Regierung haben ein globales Überwachungssystem aufgebaut, das nicht nur der Identifizierung von Kriegszielen dient, sondern auch der wechselseitigen Totalerfassung ihrer Bevölkerungen. Was in den 1970er und 1980er Jahren in einigen Regierungsstäben für wünschenswert erachtet wurde, aber an den technischen Möglichkeiten und am Widerstand der Bevölkerung scheiterte, ist heute Realität geworden: ein totalitäres System.

Parallel zu dieser stillen Implosion institutioneller Beschränkungen wurden in fast allen westlichen Staaten »Anti-Terror-Gesetze« verabschiedet, die konstitutionelle (Schutz-)Rechte gegenüber dem Staat einschränkten bzw. aufhoben.

Im Jahr 2000 erfand die rot-grüne Bundesregierung das anständige Deutschland und rief zu einem angeleiteten und staatlich geförderten »Aufstand der Anständigen« auf. Nicht viel später sollte diese Regierungsoffensive den vieldeutigen Namen »Staatsantifa« bekommen.

Heute weiß man, dass zahlreiche deutsche Behörden spätestens seit 1998 über den Aufbau terroristischer Strukturen im Umfeld neonazistischer Kameradschaften bestens informiert waren. Sie statteten sie aus, sie ließen sie laufen, sie verhinderten mögliche Festnahmen. Wenn man davon ausgehen kann, dass diese Bereitschaft neonazistischer Gruppierungen zu terroristischen Aktionen bekannt war, dann bekommt der ausgerufene Aufstand der Anständigen eine ganz eigene Note, eine ganz andere Einfärbung. Die Terror- und Mordserie des NSU begann zeitgleich – im Jahr 2000. Im Wissen um diese bewaffneten neonazistischen Gruppierungen hätte man diese selbst entwaffnen, ihren Aufbau im Keim ersticken können. Was gab der damalige SPD-Bundeskanzler Gerhard Schröder der Kampagne mit auf den Weg? »Wegschauen ist nicht mehr erlaubt.« Echt?

Tatsächlich beschränkte man sich vor allem darauf, die Opfer besser zu versorgen und zu betreuen. Zahlreiche Programme wurden dazu aufgelegt wie die Mobile Opferberatung oder andere Anlaufstellen für »ausländerfeindliche Übergriffe«.

Diese millionenschweren Programme schufen neue Arbeitsplätze und brauchten – nach Möglichkeit – qualifiziertes Personal. Auf diese Weise konnten viele Antifas ihr politisches Engagement in ein einigermaßen sicheres Arbeitsverhältnis transferieren. Dass das verächtlich gemeinte Wort von der Staatsantifa nicht nur auf ihre rot-grünen Ziehväter gemünzt war, sondern auch auf Antifas, die Bewegungswissen nun in Staatswissen überführten, hat auch innerhalb antifaschistischer Zusammenhänge zu Kontroversen geführt. Ob die Schwäche der antifaschistischen Bewegung diese wichtige Auseinandersetzung begrub oder der Paradigmenwechsel, der die Antifa sehr bald in zwei verfeindete Lager teilen sollte, ist sicherlich nicht so einfach zu beantworten.

Nicht nur das Anwerben von Antifas für staatsnahe Aufgaben rüttelte gewaltig an einem ungeschriebenen antifaschistischen Grundsatz: Antifaschismus ist nicht mit, sondern nur gegen diesen Staat durchsetzbar.

Tatsächlich schlugen auch die bereits angerissenen globalen Umbrüche bis zur Antifa durch. Viele Antifa-Gruppen machten sich die Theoreme des »Kriegs gegen den Terror« nach 2001 zu eigen und sahen im Islamismus die tödliche Gefahr, den gemeinsamen Weltfeind Nummer eins. Was manche Kriegsherren (die sich tatsächlich auf dem Schlachtfeld aufhalten) nur sehr spärlich vermengten, machte ein Teil der Antifa umso ungenierter und öfter: Sie setzte das, was sie für Islamismus hielt, mit Faschismus gleich und generierte daraus einen religiösen Faschismus. Damit wurde dieser Teil des Antifaschismus der Koalitionär einer Kriegspolitik, die mit keinem islamischen Staat und mit keinem diktatorischen Regime ein Problem hat, wenn diese die Interessen der imperialen Staaten (mit)bedienen. Mit dem Kurzschließen von Islamismus und Faschismus war de facto ein neuer Bündnispartner gefunden: Die US-Alliierten, die Wiederkehr, die Wiedergänger einer Anti-Hitler-Koalition. Mehr noch: Mit dieser Gleichsetzung katapultierte man sich in eine Zeit zurück, die die Zeit vor »33« noch einmal nachstellte: Der Faschismus bedroht die Welt. Jetzt müssen *AntifaschistInnen* und *KommunistInnen* zusammen mit den imperialen Mächten (USA, Frankreich und England) den Faschismus (noch einmal) besiegen.

Anders gesagt: Solange der Kapitalismus von etwas viel Grausameren bedroht ist, muss man an der Seite kapitalistischer Staaten den Rückfall ins Vormoderne verhindern, die Errungenschaften des Kapitalismus gegen seine barbarischen Feinde retten.

Dieser Teil der Antifa bezeichnet sich entweder selbst als »anti-deutsch« oder fühlt sich dem antideutschen Spektrum (um *Bahamas, Jungle World*, Thomas Uwer und Thomas von der Osten-Sacken herum) sehr nahe und verbunden. Zwar nimmt diese Strömung innerhalb antifaschistischer Gruppen ab, trotzdem sind noch viele ihrer Theoreme lebendig.

Auch wenn sich die Selbstbezeichnung von Deutschen als »Antideutsche« für Außenstehende mehr als verwunderlich oder auf gewisse Weise typisch Deutsch anhört, so steckt hinter dieser Antipode des Deutschseins ein guter Kern. Nicht dieser Kern ist das Problem, sondern der reaktionäre Boden, in den er eingegraben wurde.

Zweifellos haben die Pogrome, an denen sich Tausende, Zehntausende in den 1990er Jahren beteiligt haben, viele Linke schockiert und fassungslos gemacht. Manche sprachen damals wie heute vom rassistischen Mob der Straße. Plötzlich bekamen die Namenlosen, die Wähler, die unauffällig und zu Hause bleiben, ein Gesicht. Dass noch mehr die Abschaffung des Asylrechts 1993 begrüßten, eine überwiegende Mehrheit der Wähler die Abschaffung dieses Grundrechts ermöglichte, lässt an der Bevölkerung zweifeln.

Dass große Teile der Bevölkerung die Politik der Herrschenden teilen, ist ein Fakt, der schwer genug auszuhalten ist. Doch der reaktionäre Umschlag erfolgt dann, wenn man daraus eine anthropologische, unveränderliche, herrschaftsfreie Größe macht. Dass es auch in zahlreichen anderen Fällen eine Allianz aus »Mob und Elite« gibt (diese Metapher ist in antideutschen Zusammenhängen sehr beliebt), ist unbestreitbar. Aber die Gleichsetzung von Mob und Elite eliminiert Herrschafts- und Klassenverhältnisse, die eben nicht verschwunden sind, sondern nur in diesem nationalen Konstrukt, ganz gleich, ob man dieses positiv oder negativ auflädt. Ein solcher Kurzschluss aus oben und unten, Weisungsbefugten und Folgsamen zerstört nicht reaktionäre Ideologien, sondern geht ihnen auf den Leim.

Das deutsche (Täter-)Kollektiv ist aus dem Blick der Opfer eine verständliche Sichtweise. Das ändert nichts daran, dass jeder Einzelne darin eben nicht gleich ist. Derjenige, der vor einem Flüchtlingsheim rassistische Parolen ruft, ist eben nicht gleichzusetzen mit jenen staatlichen Bediensteten, die Flüchtlingsheime in eine Hölle verwandeln. Derjenige, der in einer neonazistischen Kameradschaft Mitglied ist, ist eben nicht gleichzusetzen mit denen, die sie gewähren lassen.

Und diejenigen, die im nationalsozialistischen Untergrund/NSU aktiv waren (und sind), sind nicht mit denen gleichzusetzen, die ihn – in staatlicher Funktion – mit angelegt haben, die dafür sorgten, dass die Terror- und Mordserie nicht gestoppt wurde und bis heute nicht aufgeklärt wird.

Und damit wären wir – zugegebenermaßen in großen Sprüngen – im Hier und Jetzt angekommen.

»Als subkulturell präsente Szene und punktuell mobilisierungsfähige Bewegung funktioniert Antifa immer noch. In den Mühen der Ebenen der Alltagsarbeit zeigen sich jedoch deutlich Verschleißerscheinungen. Überregional relevante Demos und Blockaden werden von relativ wenigen Aktivist_innen organisiert, politisch handlungsfähig sind wenige Gruppen. Das auffällige Schweigen vieler Linker zu den NSU-Morden und die weitgehende Abstinenz der ›Antifa‹ in der Debatte illustrieren diesen Zustand.«[29]

29 *Antifa in der Krise?!* Avanti, AIB 101, 1/2014

Auch wenn Debatten und Analysen eher einem Rinnsal gleichen, so kann man ganz vorsichtig folgende Linien ausmachen. Der Teil der Antifa-Gruppen, der sich im »Ums Ganze Bündnis« organisiert und sich im antideutschen Spektrum verortet, tauchte fast völlig unter. Genau das, was man hätte erwarten können, eine Staatsanalyse und eine Staatskritik, eine Praxis, die vor allem die Rolle des Staates in den Mittelpunkt stellt, blieben aus. Ein politisches Bündnis, dem es erklärtermaßen ums Ganze geht, ist auf ganzer Linie diesem Anspruch nicht gerecht geworden.

Der andere Teil der Antifa-Bewegung, der sich abseits des »Ums-Ganze-Bündnisses« organisiert, einigte sich – grob zusammengefasst – auf: Der Rassismus ist das eigentliche Problem.

Das ist sicherlich näher an der Wahrheit als das Gerede vom Versagen Einzelner und dem Wirrwarr aller. Aber diese Ursachenbeschreibung unterschlägt, dass auch Rassismus Herrschafts-, Klassen- und Staatsinteressen transportiert und transformiert, dass der Rassismus oben ein anderer ist als unten. Anders gesagt: Terror und Ideologie des NSU gleichen eben nicht der politischen Agenda der herrschenden Klasse. Ganz greifbar und irreführend wird dieses Manko, wenn man den Nicht-Aufklärungswillen staatlicher Behörden im Fall des Mordanschlages auf Polizisten in Heilbronn 2007 verstehen will. Wenn deutsche Polizisten wie Michéle Kiesewetter umgebracht bzw. schwer verletzt werden, kann man davon ausgehen, dass mit allen Mitteln deren Mörder bzw. die Täter gesucht werden. Wenn aber genau dies nicht geschieht, wenn dies sogar unterbunden wird, dann kann man dies mit vielem erklären, nur nicht mit Rassismus.

Selbstverständlich haben rassistische Denkstrukturen dazu beigetragen, dass man für die Morde an Kleinunternehmern mit griechischen und türkischen Wurzeln diese selbst bzw. ihr berufliches oder familiäres Umfeld verantwortlich machen konnte. Aber das erklärt noch lange nicht, warum alle mit der Aufklärung befassten Beamten dieser faktenlosen Ermittlungsrichtung folgten! Warum haben jene, die einfach aus Berufsethos eine andere Spur sahen, geschwiegen? Warum haben sie es sich gefallen lassen, dass ihnen aufgetragen wurde, Berichte zu fälschen, wichtige Spuren nicht auszuwerten?

All diese Beamten haben nicht aus rassistischer Übereinkunft so gehandelt, sondern weil sie jedes Ausscheren aus der Entscheidungskette ihre berufliche Existenz gekostet hätte. Wenn man das Schicksal der ganz wenigen verfolgt, die heute von der offiziellen Linie abweichen, dann weiß man, dass der Preis sehr hoch ist, seinen Vorgesetzten zu widersprechen.

Dafür ist nicht der Rassismus verantwortlich, sondern autoritäre Behördenstrukturen, eine feige Beamtenkultur, die gewollt ist und entsprechend sanktioniert wird.

Das Gespenst, das man so oft an die Wand gemalt hat, ist keine Verschwörungsfantasie, sondern greifbar.

Antifa wäre nicht Antifa, wenn man nicht wüsste, dass irgendwie Geheimdienste mitmischen, dass man mit V-Leuten rechnen muss, dass man überwacht wird, dass man vorsichtig sein sollte, mit wem man was vorhat, mit wem man was plant. Manches gehört zum Antifa-Habitus, vieles müsste viel umsichtiger organisiert sein, wenn man nicht erwischt werden will, wenn das gemeinsame Vorhaben Erfolg haben soll.

Vielleicht ist es auch gar nicht die fehlende Reflexion, die die Abstinenz der Antifa im NSU-VS-Komplex erklären kann. Vielleicht will man gar nicht wissen, was sich hinter diesem Gespenst verbirgt, wie real es ist, wie sichtbar man das Gespenst machen kann.

Vielleicht sind es gerade die vielen Fakten, die eine Dimension sichtbar machen, die man gar nicht begreifen bzw. erfassen will, vor der man nur weglaufen möchte. In der Regel sind Neonazis der Feind. Zumindest in den größeren Städten kann man ihr Auftreten, ihre Aufmärsche verhindern bzw. erschweren.

Jetzt taucht aber nicht nur eine neonazistische Gruppe wie der NSU auf, der von Subversion etwas versteht, der in der Lage ist, sich alles zu beschaffen, was man für die Illegalität braucht. Eine Gruppierung, die kein Problem hat, sich Waffen zu besorgen, die sich auf ein Netz von »Kameraden« in der ganzen Bundesrepublik verlassen kann, die zudem ausgezeichnete Kontakte in andere Länder hat, z.B. USA (White Power/KKK) und England (combat 18).

Das alleine übersteigt in aller Regel den Organisierungsgrad antifaschistischer Gruppen. Doch mit dem NSU-Fall bekommt man es mit noch mehr zu tun: Sobald man sich mit diesen terroristischen Strukturen beschäftigt, bekommt man es mit Geheimdiensten zu tun, mit Operationen, die kaum durchschaubar sind. Decken diese den NSU? Bekommt man es mit Geheimdiensten zu tun, wenn man dieses Geflecht aufdeckt, wenn man es öffentlich macht?

Man muss nicht genau wissen, wie diese Strukturen en détail aussehen. Man weiß, dass man es mit einem Riesen zu tun bekommt, mit einem Gegner, dem man nicht in die Quere kommen möchte. Auf einer Demonstration, in einem Flugblatt dazu aufzurufen, den Verfassungsschutz abzuschaffen, ist das eine. Aber auch dafür zu sorgen, dass man Schritte dorthin macht, ist etwas ganz anders. Und genau das will man nicht, diese Auseinandersetzung will man nicht eingehen.

Deren Vertreter sitzen in Untersuchungsausschüssen sowohl in den verschiedenen Bundesländern als auch im Bundestag. Sie erstellen Anfragen, um die jeweiligen Adressaten zu Antworten zu zwingen. Manches kommt auch mit ihrer Hilfe und ihrem Engagement an die Öffentlichkeit, was ansonsten unter den Teppich gekehrt worden wäre.

Dennoch hat das Verhalten der Partei Die Linke im Parlamentarischen Untersuchungsausschuss (PUA) eine fatale Signalwirkung.

Mitte des Jahres 2013 wurde der Abschlussbericht vorgestellt. Man konstatierte ein komplettes Behördenversagen, kritisierte die zahlreichen Mängel bei der (Nicht-)Aufklärung. Allgemeinplätze, die bereits zu dieser Zeit und mit dem Wissen der Teilnehmer des PUA nicht mehr zu halten waren. Aber noch entscheidender als dieses Eingeständnis war und ist der Umstand, wie die parlamentarische Opposition in Gestalt der Partei Die Linke befriedigt und in die Staatsraison eingebunden werden konnte.

Petra Pau machte stellvertretend für die Partei das nicht besonders aufrüttelnde Zugeständnis, das zu diesem »Versagen« auch der institutionelle Rassismus beigetragen habe. Im Gegenzug stimmte die Linke dem gemeinsamen Fazit zu, dass der NSU-Ausschuss keine Belege dafür finden konnte, dass staatliche Behörden in das Zustandekommen bzw. Gewährenlassen des NSU involviert waren.

Wer die Fernsehbilder noch im Gedächtnis hat, als der Abschlussbericht der Öffentlichkeit vorgestellt wurde, der konnte sich über diese oppositionslose Präsentation die Augen reiben: Führende Vertreter von CDU/CSU, FDP und SPD schoben Petra Pau liebvoll-drängend in die Mitte des Abschlussbildes. Ein Dankeschön für das freiwillige Versagen einer Opposition, die sich gerade in diesem Fall hätte beweisen können.

Eine Verständigung, eine Debatte darüber, was unter Faschismus und Neonazismus, aber auch unter »Nationalsozialismus« zu verstehen ist, wie man die Verfasstheit dieser Republik einordnet, würde nicht nur die Einsilbigkeit gegenüber dem NSU-VS-Komplex beenden, sie könnte auch den Stellenwert neu bestimmen, den der Kampf gegen Neonazis haben soll.

»Ein Faschist, der nichts ist als ein Faschist, ist ein Faschist. Aber ein Antifaschist, der nichts ist als ein Antifaschist, ist kein Antifaschist!« (Erich Fried)

Von der Renazifizierung über den neuen institutionellen Faschismus bis zum »Vierten Reich«

Der massive Rechtsruck in Europa, der es rechts von rechts in die Parlamente geschafft hat, führt zu vielen Fragestellungen: Die etablierte Rechte erfindet für diese rechte Konkurrenz den Begriff »Rechtspopulismus« und viele Linke greifen ihn auf, aus Gedankenlosigkeit oder auch aus strategischem Kalkül, denn er erlaubt eine »breite Bündnisarbeit«, die bis hin zu den etablierten rechten Parteien reicht.

Viel leiser und am Rande sind jene, die faschistische Tendenzen in Europa ausmachen, ihr massives Anwachsen in einer Stärke, die nationale Regierungspolitiken beeinflusst: Zum einen, indem die etablierte Rechte noch mehr nach rechts rückt und rassistische und nationalistische Theoreme stärker ins Zentrum drängen. Zum anderen dadurch, dass sie an der Regierung beteiligt werden, also vom »rechten Rand« ganz in der »Mitte« angekommen sind.

Man könnte mittlerweile von einer Normalisierung rassistischer und nationalistischer Theoreme sprechen.

Aber was ist jetzt »rechts von rechts«? Wie weit muss man rechts von rechts sein, um faschistisch zu sein? Ist Viktor Orban in Ungarn ein rechter Ministerpräsident oder ein Diktator? Sind die Säuberungen, die die türkische Regierung unter Erdogan durchgeführt hat, Merkmale eines Faschismus oder »nur« ein Rechtsstaat im Ausnahmezustand, von denen es im Herzen Europas einige gibt – auch dank der Corona-Maßnahmen.

Die Frage, wie weit man den Rechtsstaat außer Kraft setzen muss, um ihn anders zu benennen, steht im Raum.

Die Frage, was ist noch bürgerliche Demokratie, was ist (auf dem Weg zum) Faschismus, hat sehr oft die

Debatten in Deutschland bestimmt, man möchte sagen von Anfang an.

Immer ging es darum zu klären, worin die wesentlichen Unterschiede zwischen einer bürgerlich parlamentarischen Ordnung und einer faschistischen Herrschaft bestehen?

- Was sind die Wesensmerkmale einer bürgerlich-parlamentarisch verfassten Ordnung?
- Woran machen wir substanzielle Veränderungen einer staatlichen Ordnung fest?
- Gibt es gar Gemeinsamkeiten zwischen einer bürgerlichen Ordnung und einem faschistischen Regime?

Diese Fragen sind nicht neu und sie betreffen viele Gruppierungen weit über das antifaschistische Spektrum hinaus.

Die Legende von der Stunde Null

Die Sorge und Angst, dass die militärische Niederlage des deutschen Faschismus nicht sein Ende markierte, dass es sich um eine erzwungene, möglicherweise temporäre Niederlage handelte, trieb viele Menschen um, die das »Dritte Reich« überlebt hatten.

So jung die Bundesrepublik Deutschland ist, so alt ist die Frage, wie fruchtbar der Boden Deutschlands für einen neuen Faschismus ist, wie viel Faschismus überlebt hat, wie viel Faschismus am Wiederaufbau beteiligt war und ... welche Formen er heute annimmt.

So verwundert kaum, dass die Entstehung der außerparlamentarischen Linken 1968 und in den Folgejahren ohne die Auseinandersetzung mit dem deutschen Faschismus nicht zu verstehen ist.

Aber genauso stimmt es, dass die unterschiedlichen Einschätzungen darüber, mit welchem Nachkriegsdeutschland wir es zu tun haben, zu sehr unterschiedlichen Konsequenzen und nicht selten zu großen Zerwürfnissen und Brüchen innerhalb der antifaschistischen Bewegungen und Organisationen geführt haben.[30]

Renazifizierung (1960er Jahre)

Der Krieg war kaum vorbei, die Trümmer kaum beseitigt, da begannen bereits die nächsten Kriegsvorbereitungen, die Rückbesinnung auf einen alten Feind: den Kommunismus. Der Umstand, dass die kapitalistischen Staaten nicht alleine den deutschen Faschismus besiegt hatten, sondern die sozialistische Sowjetunion dabei eine herausragende Rolle spielte, konnte man ihr kaum verzeihen. Was in Folge als »Kalter Krieg« bezeichnet wurde, war der Versuch, die wirtschaftliche, militärische und politische Bedeutung der Sowjetunion, die Macht des Ostblocks als Systemalternative einzudämmen und eine mögliche Ansteckungsgefahr im Keim zu ersticken.

Da Deutschland (ohne die DDR) als Frontstaat zum sozialistischen Ostblock verstanden wurde, galt es auch innenpolitisch, den Feind zu bestimmen: Das war in erster Linie die KPD. In rasend schnellem Tempo wurden aus geehrten Widerstandskämpfern Kommunisten und Staatsfeinde, die man mit allen Mitteln verfolgte. Am Ende dieser Kommunistenhatz stand das Verbot der KPD im Jahr 1956. Ein ähnlicher Schwenk vollzog sich auf der Ebene der militärischen Bedeutung Nachkriegsdeutschlands. In den ersten Jahren nach Kriegsende wollten die Siegermächte aus (West-)Deutschland eine mehr oder weniger entmilitarisierte Zone machen: Von Deutschland aus sollte nie mehr

30 *Lichterketten und andere Irrlichter*, autonome L.U.P.U.S.-Gruppe, 1994, Der Faschismusvorwurf – oder die linke Illusion vom bürgerlichen Staat, S. 102-110.

Krieg möglich sein. Diese Haltung wurde sehr schnell zugunsten einer Remilitarisierung und Wiederbewaffnung aufgeben. Diese Entwicklung führte schließlich auch zu der ersten großen Massenbewegung nach Kriegsende: die Bewegung gegen die Wiederbewaffnung. Für diese gravierende Richtungsänderung brauchte man verlässliches, geübtes Personal. Wer eignete sich zur Durchsetzung der Ziele zur Wiederbewaffnung und dem Kampf gegen den Kommunismus besser als die ehemalige Staatselite des deutschen Faschismus? Sie brachte beides mit: den Antikommunismus und den Militarismus. Einer von vielen Gründen, warum die Elite und Anhänger des deutschen Faschismus fast bruchlos übernommen wurden: »Bekannt ist, welch einflussreiche Positionen diese treuen Diener Hitlers und reuelosen Nazis unter dem Deckmantel der Demokratie und dem Vorwand der Unentbehrlichkeit z. B. im Außenministerium, im Ministerium des Bundesministers Oberländer besetzt haben. Der Kommentator der Nürnberger Rassegesetze, Globke, ist Staatssekretär des Bundeskanzlers. Einer jüngsten Pressemeldung zufolge gehörten von den jetzt ernannten 38 Generälen 31 und von 237 Obersten 100 dem Generalstab Hitlers an. Noch nicht untersucht wurde, wie viel ehemalige Gestapobeamte und SD-Führer die Organisation des Hitler-Generals Gehlen zieren.«[31]

Was damals zurecht angenommen werden durfte, ist mittlerweile auch wissenschaftlich erforscht: Die Organisation Gehlen, der Vorläufer des Bundesnachrichtendienstes/BND bestand in ihrer Führungsebene aus über fünfzig Prozent ehemaligen Nazi-Kadern.

Dass diese Entwicklung als »Renazifizierung« angeprangert wurde, ist also mehr als verständlich. Und in der Tat verschärfte sich das innenpolitische Klima, als die

31 Protokoll des IV. Bundeskongress der VVN in München vom 17.- 19. Mai 1957, S. 51.

 Große Koalition aus CDU/CSU und SPD Mitte der 1960er Jahre die »Notstandsgesetze« ausarbeiten ließ, die die Aufhebung demokratischer Schutzrechte in Krisenzeiten erlaubten. Auch darin sahen viele eine Bereitschaft der politischen Eliten, mit demokratischen Grundrechten ähnlich zu verfahren wie die NSDAP mit dem Ermächtigungsgesetz 1933.

»Faschisierung von Staat und Gesellschaft« (1970er Jahre)

Spätestens mit der Verabschiedung der Notstandsgesetze 1968 häuften sich innerhalb der außerparlamentarischen Linken Mutmaßungen und Analysen, die innere und äußere Remilitarisierung der BRD wäre Ausdruck einer schleichenden (Re-)Faschisierung. Die Zerschlagung der außerparlamentarischen Opposition, der gigantische Ausbau von Polizei- und Sicherheitsapparaten, die Verschärfung des politischen Strafrechts (§ 88a, 130a, 129a), die Wirtschaftskrise zu Beginn der 1970er Jahre, die Kriminalisierung »wilder« Streiks und die Beteiligung der BRD an der Etablierung und Aufrechterhaltung diktatorischer Regime (Persien, Vietnam, Chile ...) schienen die u. a. vom Kommunistischen Bund (KB) vertretene These von der »Faschisierung von Staat und Gesellschaft« zu bestätigen.

Auch innerhalb der Anti-AKW-Bewegung Ende der 1970er Jahre, als Massenmilitanz und Sabotage an ihre Grenzen stießen, als die staatliche Durchsetzung des Atomprogrammes paramilitärische Dimensionen angenommen hatte, mündeten die Erfahrungen der Niederlage in der politischen Analyse vom »Atomstaat« (Robert Jungk): Die Aufkündigung der Gewaltenteilung, die faktische Entmachtung des Parlaments als Ort politischer Entscheidungen und Kontrolle, die Transformation des Strafrechts in ein Feindrecht gegenüber jeder radikalen Opposition wurden als Indiz verstanden, die eigenen institutionellen Kontrollmechanismen auszuhebeln.

Auch die Rote-Armee-Fraktion/RAF und der sich an ihr orientierende antiimperialistische Widerstand kamen zu ähnlichen Schlussfolgerungen. Bereits Mitte der 1970er Jahre war für die RAF der Reformismus tot, der bürgerliche Staat gestorben und das »imperialistische Projekt des globalen Faschismus« auf der Tagesordnung. Die Herrschenden hätten die »Militärstrategie zum Angelpunkt« gemacht, in der »die Politik gestorben« (Erklärung der Gefangenen der RAF 1977) sei.

Der institutionelle Staatsfaschismus

Ich möchte noch eine weitere Faschismusanalyse kurz vorstellen, weil sie sich zwischen allen Stühlen bewegt und möglicherweise Hinweise darauf gibt, wie ein »neuer« Faschismus aussehen könnte. Denn alle zuvor genannten Analysen gehen von einem ähnlichen Faschismus aus, den wir aus den 1930er Jahren in verschiedenen Varianten (Franco-Spanien, Duce-Italien, Salazar-Portugal, Nazi-Deutschland) kennen.

Diese Faschismusanalyse bricht mit zwei gängigen Annahmen: Der Faschismus kommt von der »Straße«, von faschistischen Organisationen und Bewegungen, die den Staat und die politische Ordnung infrage stellen. Zweitens: Der Faschismus ist eine Antwort auf sich zuspitzende Kämpfe, die die gegenwärtige Ordnung nicht mehr unter Kontrolle bekommen kann.

Der Soziologe Manfred Clemens hat diese These bereits Mitte der 1970er Jahre ausgeführt »Die Entwicklung zu einem neuen Faschismus wird sich (…) nicht durch einen qualitativen Bruch vollziehen, sondern durch die Verschärfung und Akkumulation terroristischer Maßnahmen. Für die Kennzeichnung eignet sich der Begriff struktureller Staatsfaschismus, weil die faschistischen Tendenzen nicht aus einem Komplott zwischen Staat und faschistischen Organisationen resultieren, sondern aus einer strukturellen, vom Staat selbst vorangetriebenen Transformation des Systems. Struktureller Staatsfaschismus entsteht nicht als Reaktion auf eine manifeste politisch-ökonomische Krise wie der Faschismus alten Stils, sondern aus der Antizipation der Krise und der Entwicklung kombinierter ›friedlicher‹ und terroristischer Techniken der Krisenbewältigung.« [32]

Die »Vierte Reich«-These (1990er Jahre)

Angesichts der zahlreichen Pogrome und rassistischen Angriffe, die mit der deutschen Wiedervereinigung 1989 und 1990 einhergingen, wurde abermals der Faschismusvorwurf laut. Die »Nie wieder Deutschland«-Rufe, die in der »Vierte Reich«-These mündeten, waren in eine Analyse eingebettet, die den wachsenden Antisemitismus, Rassismus und deutschen Größenwahn als dominante Vergesellschaftungsform verstanden, wobei Kontinuitätslinien zum deutschen Nationalsozialismus immer wieder formuliert bzw. assoziiert wurden.

Die über 150 rassistisch und antisemitisch motivierten Morde seit 1990, die Tausende von Brandanschlägen auf Flüchtlingsheime, Geschäfte und Wohnhäuser, in denen Ausländer vermutet wurden, die propagierten und zum Teil erfolgreich durchgesetzten »befreiten nationalen Zonen« legten Parallelen zu Entwicklungen der Weimarer Republik nahe. Neben diesen Objektivierungen und Versuchen, diese Entwicklung einzuordnen, spielte

32 Zum Verhältnis von bürgerlichem Staat, staatlicher Gewalt und Faschismus, Manfred Clemenz, Diskus, Heft 2-3/1974.

aber auch eine ganz andere Erfahrung eine nicht zu unterschätzende, selten thematisierte Rolle. Noch nie seit dem Entstehen einer außerparlamentarischen Linken im Zuge der 1968er-Revolten, war die (radikale) Linke so machtlos, so einflusslos. Sie bekam es nicht nur mit staatlicher Repression zu tun, sondern auch mit den realen Kräfteverhältnissen in dieser Gesellschaft, über die man nicht länger spekulieren musste. Was einst linke Politik beflügelt hatte, nämlich von Sympathie getragen zu sein und im Schutz von Gleichgültigkeit agieren zu können, brach plötzlich weg. Über Nacht schien alles nur noch »Feindesland« zu sein. Das Ohnmachtsgefühl, bestenfalls punktuell intervenieren zu können, die ganz konkrete Erfahrung, dass die (radikale) Linke diesem Zusammenwirken von institutionellem Rassismus, neofaschistischer Gewalt der Straße und einer weitgehend gleichgültig bis sympathisierenden Bevölkerung nichts bzw. kaum etwas entgegenzusetzen vermochte, verleitete einige dazu, ein »Viertes Reich« aufscheinen zu sehen.

Um diese Einschätzungen einordnen zu können, um Parameter zu haben, an denen man die Entwicklungen heute messen kann, werden im Folgenden wesentliche Merkmale herausgestellt, die sich in vielen Faschismen wiederfinden lassen.

Wesentliche Merkmale des (deutschen) Faschismus

Um nicht in die Falle zu laufen, den Faschismus als monolithe, homogene, in sich kohärente Weltordnung darzustellen, um die widersprüchlichen Momente ein- und zuzuordnen, unterscheide ich im Folgenden den Faschismus als Ideologie, als Bewegung und als (totalitären) Staat unter Einfügung machtpolitischer und ökonomischer Bedingungen und Kräfte, die dem Faschismus zur Eroberung der Staatsmacht verhelfen.

Alle ideologischen Axiome der faschistischen Ideologie verstehen sich sowohl als Kampfansage gegenüber der bürgerlichen als auch gegenüber der kommunistischen Ideologie: Die offene Propagierung der rassistischen Überlegenheit – der Arier als Herrenmensch – steht in unversöhnlichem Gegensatz zur bürgerlichen Ideologie von der »Gleichheit aller Menschen vor dem Gesetz« und in gänzlichem Widerspruch zum grenzenlosen kommunistischen Versprechen: »Proletarier aller Länder vereinigt euch!«.

Das »natürliche« Recht, das Leben der rassisch begründeten »Untermenschen« zur Hölle zu machen, steht in deutlichem Widerspruch zum bürgerlichen Versprechen der Chancengleichheit, mit Fleiß und durch Leistung alles erreichen zu können. Die Attraktivität dieser faschistischen Ideologie bestand darin, dass sie die bürgerliche Ideologie von der Gleichheit der Menschen durchschaute und die tagtäglich erlebte Ungleichheit zur natürlichen Ordnung von Herren- und Untermenschen erhob.

Die offene Propagierung von Antisemitismus, die Entmenschlichung des ethnisch definierten »Fremden« führte den in bürgerlichen Gesellschaften latenten Antisemitismus in einen Kriegszustand.

Dient in bürgerlichen Gesellschaften die Diskriminierung von Andersartigkeit der »Sichtbarmachung« (Foucault) der privilegierten Norm, so zielt die faschistische Ideologie auf die Ausmerzung des Abweichenden (Schwule, Lesben, Bisixuelle, Transsexuelle usw.).

Die offene Propagierung vom »unwerten Leben« setzt sich im Faschismus bewusst in Gegensatz zur christlich geprägten Nächstenliebe. Die Modellierung eines »stählernen« Mannes, einer aufopferungsvollen, dem Mann ergebenen Frau in der faschistischen Ideologie bricht offen mit dem bürgerlichen Versprechen der Gleichheit und Gleichwertigkeit der Geschlechter.

Während in der bürgerlichen Ideologie soziale und politische Unterschiede und ihre institutionelle Anerkennung (Regierung/Opposition, Kapitalbesitzer/Lohnabhängige, Unternehmer/Gewerkschaftsverbände) konstitutiv sind, propagiert die faschistische Ideologie das Ende »unnatürlicher«, »künstlicher« Gegensätze, um sie in eins zu setzen: »Ein Volk, ein Reich, ein Führer«.

In der »antikapitalistischen«, antisemitischen Rhetorik des Faschismus wird zwischen einem guten und schlechten Kapitalismus unterschieden: Die parasitären, schmutzigen und staatenlosen Seiten des Kapitalismus werden als »raffendes Kapital« in die Gestalt des reichen, verlumpten, heimatlosen Juden gepresst, um im Gegenlicht das »schaffende« Kapital als heimatliebend, edel und rein entstehen zu lassen.

Der Nationalsozialismus in der faschistischen Ideologie ist ein Kapitalismus ohne Juden, ohne Kommunisten, ohne Gewerkschaften, ohne Opposition, voller Harmonie und Einklang.

Der Faschismus hat neben der antibürgerlichen Attitüde auch eine ganz essenzielle Brückenkopffunktion zur bürgerlichen Ordnung: Er teilt mit ihr den Antikommunismus aufs Innigste. Gerade der deutsche Faschismus hat die Verschmelzung von Antisemitismus und Antikommunismus auf eine programmatische Höhe gehoben: den Kampf gegen die »jüdisch-bolschewistische Weltverschwörung«.

In vielen faschistischen Bewegungen lassen sich folgende Merkmale immer wieder finden:

- Antiparlamentarismus, verbunden mit antibürgerlichen Ressentiments und die Propagierung des Kampfes der Straße.
- Die Vorstellung einer »nationalen Wiedergeburt«, die Schmach vergangener Niederlagen wiedergutmachend.
- Der Kampf gegen den Kommunismus und alles, was dafür gehalten wird (»die jüdisch-bolschewistische Weltverschwörung«).
  Überall dort, wo die Klassenkämpfe, der Ruf nach einer revolutionären Umwälzung stark sind, versteht sich der Faschismus als (nationale) Konterrevolution.
- Entgegen dem faschistischen Mythos (»Der Marsch auf Rom« in Italien) setzt sich der Faschismus nicht gegen die politische und ökonomische Klasse durch, sondern mit deren Hilfe.

Gesellschaftspolitische Bedingungen für den Aufstieg und Sieg des Faschismus

Relevante Teile des Kapitals sind auf dem Weltmarkt nicht mehr konkurrenzfähig. Sie wähnen sich in einer Krise. Sie sehen ihre Interessen nicht mehr im politischen System vertreten und unterstützen politisch und finanziell eine faschistische Lösung.

Gleichzeitig existieren antagonistische Gegenkräfte (Linke, kommunistische Parteien und Gewerkschaften z. B.), die es erschweren bzw. verunmöglichen, die Kosten der Krise nach unten abzuwälzen (Lohn- und Rentenkürzungen, sozialpolitische Einschnitte etc.).

Die politische Klasse selbst, die das System tragenden bürgerlichen Parteien sind gespalten und zeigen sich für extralegale Optionen (Militärputsch, Ausrufung des Ausnahmezustandes) und für ein Bündnis mit einer faschistischen Partei offen.

Der Erfolg des Faschismus als Bewegung geht mit politischen, wirtschaftlichen, ideologischen und institutionellen Krisen der bürgerlichen Ordnung einher, die mit legalen Mitteln nicht mehr zu bewältigen sind.

Die Selbstaushöhlung substanzieller (Schutz-)Rechte durch schleichende Formen der Entrechtung, durch Ausnahmegesetze bzw. -zustände, schützen nicht die »bedrohte« Demokratie, sondern ebnen dem Faschismus den Weg.

Faschismus als Staat

Der Faschismus, sobald er die Staatsmacht innehat, entpuppt sich überall als Exekutor kapitalistischer, imperialer Interessen. Ein Wesensmerkmal des faschistischen Staates ist die gewaltsame Durchsetzung eines »Kapitalismus *sans phrase*«: Abschaffung der Gewerkschaften, Ausschaltung jeder Opposition, die die Interessen der Ausgebeuteten vertreten könnte, Aufhebung institutioneller, das heißt rechtlicher Garantien und Sicherheiten.

Der Faschismus garantiert nicht nur den Kapitalismus, er exekutiert auch (verhinderte) Weltmarktambitionen durch Kriege. Dieser imperialistische Anspruch ist für den deutschen Faschismus besonders markant. Die Exekution der kapitalistischen Ordnung in allen Faschismen hat Horkheimer zu der zentralen Aussage veranlasst: »Wer aber vom Kapitalismus nicht reden will, sollte auch vom Faschismus schweigen.«

Der faschistische Staat ist als diktatorischer Staat organisiert. Er beseitigt alle bürgerlichen (Selbst-)Beschränkungen, alle institutionellen Kontrollmechanismen: Die Justiz als »Hüterin der Verfassung«, das Parlament als politisches Regulativ zur Regierungsmacht, Oppositionsparteien als wählbare Alternative und Presse als »vierte Macht« und verfolgt jegliche Opposition in Form einer staatlichen Lynchjustiz.

 Die Macht des faschistischen Staates reproduziert und potenziert sich im Einklang, im Gleichschritt, in der Gleichschaltung. Das bürgerliche Staatsverständnis lebt vom Wettbewerb (unterschiedlicher) Interessen, von der Wertschöpfung in Konkurrenz, von der produktiven Abschöpfung politischer Abweichungen – innerhalb institutioneller Grenzen. Gesellschaftliche und ökonomische Interessengegensätze sind »unentbehrlich (...), weil sie das Zeichen dafür sind, dass die Gesellschaft lebt und tätig ist und eine der fundamentalsten Triebfedern der sozialen Entwicklung darstellen«. So äußerte sich SPD-Bundeskanzler Helmut Schmidt, der bekanntlich nichts vom Klassenkampf hielt.

Auf welchem Weg befinden wir uns heute?

Die verschiedenen Versuche der letzten fünfzig Jahre, gravierende Veränderungen zu beschreiben und eine Skizze dessen, was man als Grundkonstante des Faschismus bezeichnen könnte, machen es leichter, das einzuordnen, womit wir in den letzten Jahren konfrontiert sind.

Zweifellos können sich die strukturellen Veränderungen der letzten Jahre durchaus mit denen der 1950er, der 1970er oder 1990er Jahre messen lassen. An allem, was die verschiedenen Dekaden auszeichnete, wurde abermals gedreht. Man hat das Gefühl, ja man weiß es: Wir machen uns müde mit der Aufzählung, mit der immer länger werdenden Liste der Verschlechterungen. Wir haben Mühe, das jetzt qualitativ Neue zu benennen, während das technische und politische Potenzial wächst und damit Orwell und Huxley schon lange hinter sich gelassen hat.

An Fakten, die eine weitere Schwächung und Suspendierung von Grundrechten gegenüber dem Staat markieren, an Fakten, die eine innere Aufrüstung gegen jede Opposition belegen, die mehr will, als Unrecht öffentlich anzuzeigen, fehlt es nicht.

Ob es sich dabei um die umfassende elektronische Überwachung handelt, die weder eingeschränkt noch kontrolliert werden soll oder um den massiven Ausbau der Polizei mit all dem Abschreckungspotenzial, das damit einhergeht. Wer kann heute noch ›friedlich‹ demonstrieren, wenn ihn paramilitärische Polizeieinheiten eskortieren?

Nicht minder massiv sind die medialen Instrumente der »Bewusstseinsindustrie« (Hans Magnus Enzensberger). Dabei geht es sowohl um den öffentlich-rechtlichen Sektor, der vor lauter Schein-Diskussionen, die sich nur im Maß der Zustimmung voneinander unterscheiden, bis hin zu den angeblich »sozialen Medien«, die in der Tat dem herrschenden Mono-Monopol-Diskurs ein Dorn im Auge sind. Diese Konformität ist mit den 1950er Jahren zu vergleichen.

Dennoch und das ist ein bedeutsamer Unterschied: Wer will, der kann sich tatsächlich informieren, der kann sich (sehr) schlau darüber machen, was im Mainstream nicht mehr vorkommt.

Kein Wunder, dass staatliche Instanzen in den letzten Jahren massiv dazu aufrufen, diese Plattformen zu säubern – unter dem Vorwand, man wolle Hetze und Fake News bekämpfen. Letztendlich ist das, was zurzeit auf Facebook, Twitter und Google praktiziert wird, eine Privatjustiz, die feudalistische Züge angenommen hat. Nun hat das Zensur-Regime auch die EU-Ebene erreicht: Man beabsichtigt ein EU-harmonisierendes Gesetz, das sich »Europäisches Medienfreiheitsgesetz«[33] nennt, also ganz im Orwell'schen Diktum.

Damit wird deutlich, dass diese »alternativen« Medien, diese Art der Gegenöffentlichkeit, durchaus eine Relevanz haben, die das Mainstream-Wissen gefährden.

Ist das bereits Orwell 2.0 oder 3.0?

Ich bin davon überzeugt, dass der entscheidende Umschwung nicht der ist, bei dem all dies angewandt und von allen regierungswilligen Parteien mitgetragen wird. Der Kipppunkt wird sein, wenn all diese Formen der Marginalisierung und Unterdrückung nicht mehr eine Minderheit treffen, sondern die Mehrheit der Bevölkerung.

Wenn man ehrlich ist, dann war das nicht einmal in den 1960er oder 1970er Jahren der Fall. Die schweigende

33 *Medien und EU: Man fühlt die Absicht und ist verstimmt*, Thomas Pany, telepolis vom 29. November 2022: https://www.heise.de/tp/features/Medien-und-EU-Man-fuehlt-die-Absicht-und-ist-verstimmt-7360713.html

Mehrheit stand hinter diesem Staat. Sie war weder von der »Krisenstab-Diktatur« in den 1970er Jahren betroffen, noch von den repressiven Maßnahmen. Sie sah sich eher davon beschützt.

Eine »kleine, radikale Minderheit« fasste dennoch Mut und brachte dabei etwas zur Sprache, was viele ohne oder mit Murren hingenommen hatten: eine reaktionär verfasste Gesellschaft oder wie Bundeskanzler Ludwig Erhard (CDU) sehr früh seinen Wunsch umriss, die »formierte Gesellschaft«. Der Konsens aus »Wirtschaftswunder« und »Nur-nicht-auffallen« war gebrochen. Eine Mischung aus Diversifizierung von Lebensstilen, Durchlässigkeit von verknöcherten Hierarchien (also auch Aufstiegschancen) und massiver Repression gegenüber jenen, die sich nicht »integrieren« ließen oder wollten, verhinderte ein Überspringen des aufflackernden Funkens.

Solange eine Mehrheit Erlaubtes nicht verlässt, nicht übertritt, stellten all diese Sanktionen keine Bedrohung, eher eine Vergewisserung dar. Bislang war eine Minderheit mit den repressiven Folgen dieser Machtkonzentrationen konfrontiert. Was wäre aber, wenn all diese Maßnahmen und Möglichkeiten gegen Millionen Menschen zum Einsatz kämen?

Was würde passieren, wenn all diese Maßnahmen, die wir als »Minderheiten« erlebten, auf alle Bürger treffen würden? Genau dies trat mit dem Corona-Ausnahmezustand 2020 ein. Auf einen Schlag waren alle von massiven Einschränkungen ihrer Grundrechte betroffen. Das gilt auch für die Repressionen, die zur Durchsetzung dieses Corona-Ausnahmezustandes angewandt wurden. Ob man auf der Parkbank nach 22 Uhr saß und 200 Euro Bußgeld kassierte oder ob man die Corona-Maßnahmen kritisierte und damit sein berufliches Aus- und Fortkommen riskierte (wie bei der *#allesdichtmachen* Video-Intervention).

Und in der Tat: Es gingen bei den Querdenker- und Corona-kritischen Demos nicht die »üblich Verdächtigen«

 auf die Straße. Es gingen vor allem jene auf die Straße, die bisher über die Runden kamen und ihre Freiheiten genießen konnten.

Existiert der bürgerlich verfasste Staat noch?

Um diese neuen Entwicklungen einzuordnen, muss man sich kurz über die Grenzen eines bürgerlichen Staates verständigen. Hört er auf zu existieren, wenn er seine eigenen Gesetze bricht, essenzielle Kontroll- und Schutzrechte aufhebt? Kann man noch von einem bürgerlichen Staat sprechen, wenn er terroristische Aktionen billigt oder gar selbst ausübt?

Ganz schnell und salopp wird vom Rechtsstaat gesprochen, von dessen Beugung, wenn man davon überzeugt ist, dass staatliche Institutionen geltendes Recht nicht schützen, sondern brechen. Besteht ein wesentliches Merkmal eines Rechtsstaates darin, dass er sich an sein eigenes Recht hält?

Wenn dies so wäre, dann müsste ein Staat nur alles in Recht und Gesetz gießen und er wäre ein Rechtsstaat. Dann wären die »Sozialistengesetze« Bismarcks, die »Reichstagsbrandverordnung« 1933 (die den Übergang von der Weimarer Republik zum Faschismus legalisierte) oder Hitlers »Rassengesetze« lebendiger Ausdruck des Rechtsstaatsprinzips.

Oder anders formuliert: Wenn der systematische staatliche Rechtsbruch die Bruchstelle der bestehenden Ordnung wäre, dann hätten wir in den meisten Ländern des Westens keine Staaten mehr, die sich dazu zählen dürften.

Man nehme nur die staatlich organisierten Killerkommandos (GAL) gegen die baskische ETA in Spanien und Frankreich, die systematische Anwendung der Folter durch US-Behörden in Guantanamo oder Abu Ghraib, die Beteiligung zahlreicher EU-Staaten an Entführungen und Folter mithilfe des »Rendition«-Programms der US-Regierung. All diese staatlichen Praktiken verstoßen offen und dauerhaft gegen geltendes nationales und internationales Recht.

Wir werden später noch sehen, dass die Begriffe »Rechts- bzw. Unrechtsstaat« völlig untaugliche Kriterien sind, eine parlamentarisch verfasste Ordnung zu erfassen.

So gravierend diese terroristischen Methoden sind, sie markieren nicht den Bruch mit der bestehenden Ordnung. Die Diskrepanz zwischen Verfassungsideal und Wirklichkeit ist konstitutiv für den bürgerlichen Staat.

Eine Faschisierung der Verhältnisse, der Übergang zu einer neuen Staats- und Gesellschaftsverfassung wäre dann vollzogen, wenn der Bruch normativer Bestimmungen nicht mehr innerhalb seiner tragenden Institutionen (dazu gehören Verfassungsgerichte genauso wie Gewerkschaften, Parteien und außerparlamentarische Bewegungen) verhandelbar wäre. Sind Korrekturen noch möglich, Gegenpositionen noch formulierbar und organisierbar, sind Kräfteverhältnisse innerhalb dieser bestehenden Ordnung noch beeinfluss-, also verschiebbar?

So bitter die Erkenntnis ist: Es war nicht die Linke (weder die parlamentarische noch die außerparlamentarische), die »verfassungsfeindliche« Gesetzesinitiativen, rechtswidrige Verfolgungsmaßnahmen der Großen Koalition stoppen konnte. Der wirkungsvollste Widerstand kam aus den Institutionen selbst: So hat das Bundesverfassungsgericht im Jahr 2006 die Erfassung der Daten von fünf Millionen Männern in Nordrhein-Westfalen zur Aufdeckung von »Schläfern« nach dem 11. September 2001 für verfassungswidrig erklärt. Auch das »Luftsicherungsrecht« wurde vom Bundesverfassungsgericht (2005) zurückgewiesen: Die Anwendung dieses »Rechts« würde der Logik des Kriegsrechts folgen, d. h. die Liquidierung Unbeteiligter im Namen des Ganzen. Auch die Repressionswelle vor und nach dem G-8-Gipfel in Heiligendamm 2007, der Versuch, Anschläge auf Bundeswehrfahrzeuge als terroristische Straftat (nach § 129a) zu verfolgen, wurde von Gerichten zurückgewiesen. Selbstverständlich spiegeln diese Urteile nicht alle Einwände wider, schon gar nicht grundsätzliche. In aller Regel geht es den Gerichten darum, den Eingriff zu präzisieren, die Verletzung von Grundrechten auf das Nötigste zu begrenzen. Dennoch signalisieren diese Urteile, dass die bürgerlichen Institutionen immer noch in der Lage sind, innere Widersprüche und gesellschaftliche Kräfteverhältnisse auszubalancieren, Widerspruch als wichtiges (Selbst-)Korrektiv zu integrieren, anstatt mit nackter Gewalt auszumerzen.

Wo leben wir – in Zeiten von Corona und »Krieg gegen Putin«

Es ist sehr lange recht still um den Faschismusvorwurf geworden. Vielleicht hat man ihn in den Jahrzehnten davor zu oft benutzt und ist nun ganz vorsichtig? Vielleicht hat man sich auch selbst verändert.

Und doch hörte man ihn plötzlich auf Demonstrationen gegen die Corona-Politik, auf Querdenkerdemos. Plötzlich reden die, die man rechts verortet haben will, von etwas, was man eigentlich der Linken zuschreiben würde. Verrückte Welt – und doch auch erklärbar.

Die Linke in Gestalt des »Bündnis gegen Rechts« in Hamburg war jedenfalls 2020 sichtlich empört: »Auch in Hamburg demonstrieren Menschen gegen die sogenannten Corona-Maßnahmen. Die Protestierenden behaupten, das Grundgesetz sei außer Kraft gesetzt und fantasieren die Entstehung einer Diktatur herbei.«

So, so. Gibt es also gar keine »Corona-Maßnahmen«, wenn man sie als »sogenannte« für sub-existent erklärt? Wie würde das »Bündnis gegen Rechts« die Grundrechtseinschränkungen qualifizieren?

Es ist ganz leicht und es wird einem auch sehr leicht gemacht, die Suche nach Begrifflichkeiten, die diesen Ausnahmezustand zu fassen versuchen, als Fantasien abzutun. Aber was hat die Linke (innerhalb und außerhalb des Parlaments) dagegenzusetzen? Hat sie eine eigene Staatsanalyse? Hat sie eine Analyse der »Notstandsmaßnahmen«, die es in der deutschen Geschichte schon gab? Was ist vergleichbar, was ist (ganz) anders? Und verfügt die Linke über eine Faschismustheorie oder gar über mehrere, über die sich solidarisch und produktiv streiten ließe?

Dass »Merkel« für keinen Faschismus steht, darf man gefühlt annehmen. Aber es gehört doch mehr dazu, als solche Schlagworte in die Kiste der Verschwörungsideologien zu stecken. In welchem (dynamischen) Wechselverhältnis steht die Mitte – wofür sich die Große Koalition selbst hält – zu dem, was die AfD an Programmatik betreibt? Was versteht das Kollektiv »Staub zu Glitzer« genau darunter, wenn es in seiner Presseerklärung schreibt, dass es »auch in der kommenden Zeit gegen faschistoide Gesinnungen in unserer Mitte angehen« werde?

Ist das nicht äußerst wirr? Den Querdenkern wird vorgeworfen, dass sie Regierungsmitte mit Faschismus und Diktatur in Verbindung bringen und dieselben warnen vor »faschistoiden Gesinnungen in unserer Mitte«?

Wenn man den Grundrechtsdemos zurecht ein ziemlich diffuses Auftreten bescheinigt, dann wäre ein selbstkritischer Blick auf die eigenen Auftritte eine gute Grundlage.

Wie viel insgesamt unklar und undiskutiert ist, macht auch dieses Statement deutlich: »Die politische Situation (in Berlin, d. V.) gestaltet sich eben komplex und unübersichtlich und das nicht erst seit der Corona-Pandemie. Wie umgehen mit der Tatsache, dass die AfD völlig legal Willy Brandt und Sophie Scholl auf ihren Wahlplakaten abbildet und verunglimpft und so zum ›Widerstand‹ aufruft?«

 Warum grämt sich das Kollektiv über eine Polizeibehörde, die solche Wahlplakate nicht verbietet? Wen ruft das Kollektiv für eine wahrhaftige Geschichtserinnerung zu Hilfe?

Warum geht es nur um Symbole und Symbolpolitik und nicht um die Frage, wie die Linke heute den antifaschistischen Widerstand begreift? In welcher Tradition will sie sich bewegen und wie kann und muss heute antifaschistischer »Widerstand« praktiziert werden? Wäre das nicht viel drängender als die Frage, ob einem die Polizei dabei hilft?

Eine Linke an der Beantwortung dieser Fragen zu erkennen, wäre eine viel produktivere und glaubhaftere Weise, regressive Kritik zu entzaubern, als unentwegt »Querfront«, »Verschwörungstheorie« und »Antisemitismus« zu rufen und damit in einer Gesellschaft zu sein, die so unangenehm sein kann wie die, von der man sich distanziert.

Wenn man also genau weiß, wie dämlich, ahnungslos und wirr die Kritik an dem Corona-Ausnahmezustand ist, dann stellen sich doch fairerweise die Fragen:

- Hat die Linke eine einleuchtende, sehr aktuelle Kapitalismusanalyse?
- Wie erklären wir uns die verschiedenen postfaschistischen Varianten in Europa (Le Pen bzw. Rassemblement National in Frankreich/Fratelli d'Italia in Italien/Orban in Ungarn oder Erdoğan in der Türkei)?
- Bewegen sich die eingeübten Corona-Ausnahmezustände in Verbindung mit einer (geforderten und zum Teil realisierten) Kriegswirtschaft auf einen »Systemwechsel« zu?

Es ist kinderleicht, dazu Menschen auf den Grundrechts- und Querdenkerdemos zu befragen und ganz flache Antworten zu bekommen.

Aber auf wie viele schlichte, blasse, die schlaue Linke würde sagen unterkomplexe Analysen würden wir treffen, wenn wir unter Linken herumfragen würden, in antirassistischen, antifaschistischen Gruppen, in feministischen und queeren Zusammenhängen?

Man ist sicherlich nicht boshaft, wenn man davon ausgeht, dass das Ergebnis sehr ernüchternd ausfallen würde. Wenn man also von diesem Wissens- und Diskussionsstand ausgeht, kann man die Arroganz und Überheblichkeit spüren, die sich über die Dummheit der anderen erhebt.

»Wir werden die kommenden verschwörungsideologischen Versammlungen in Hamburg, z. B. am morgigen Samstag mit Kundgebungen kritisch begleiten. Wir weisen darauf hin, dass weiterhin die Hygieneregeln einzuhalten sind.« Wenn man diese Ankündigung des Hamburger Bündnisses liest, dann bekommt man noch mehr Zweifel an Aufpassern.

Die Rolle faschistischer Organisationen

Welche Rolle spielen NSU, combat 18 und andere neonazistische Gruppierungen? Wie ist die Rolle der AfD einzuschätzen? Spielen neofaschistische Organisationen und Parteien in Deutschland eine staatstragende Rolle?

Um sich Antworten zu nähern, kann man auf die Geschichte des Antifaschismus zurückgreifen, wo es viele Versuche gab, die Rolle von faschistischen Organisationen für einen bürgerlichen Staat einzuordnen.

Als Erstes stößt man dabei auf die These vom »Kettenhund des Kapitals«, die sich sehr plausibel und faktenreich am Übergang von der Weimarer Republik hin zum Faschismus erklären lässt. Mit diesem Bild wird eine gesellschaftliche Situation Anfang der 1930er Jahre beschrieben, in der sich auch die ökonomische Klasse nicht mehr sicher war, ob die parlamentarische Ordnung noch jene Herrschaftsform ist, die den Kapitalismus sicher durch die Krise führen kann oder ob die gewaltigen politischen

 Spannungen dazu führen könnten, dass nicht nur politische Parteien, sondern das kapitalistische System als Ganzes zur Disposition stehen.

Bekanntlich hat ein Teil der kapitalistischen Klasse die Entscheidung getroffen, den Aufstieg der NSDAP direkt, finanziell, politisch und propagandistisch zu unterstützen. Unstrittig ist ebenfalls, dass wesentliche Teile des Großkapitals einer »autoritären Lösung«, einem »Neuen Staat« (wie von Kanzler Franz von Papen propagiert) begeistert zugestimmt hatten, mit dem Ziel, eine Weltmarktposition wiederzuerlangen, die sie Anfang der 1930er Jahre nicht mehr hatten. Gemeinsam war allen Fraktionen des Kapitels, dass der Klassenkampf beendet werden müsse und dass die Weimarer Republik bei der Stilllegung von Klassengegensätzen versagt habe.

Legt man diese knappe Skizze ökonomischer und politischer Bedingungen zugrunde, dann halte ich die These, dass es heute ein machtpolitisches Interesse daran gibt, (bewaffnete) Neonazis als »Kettenhunde des Kapitals« zu halten, für falsch.

Die hegemonialen Kräfte der Businessclass wollen kein neues »33« vorbereiten, ganz im Gegenteil: Sie tun alles, um das zu verhindern, was damals die NSDAP an die Macht brachte: Eine Mischung aus politischen, wirtschaftlichen, ideologischen und institutionellen Krisen, die mit legalen Mitteln nicht mehr zu bewältigen waren.

Zurecht stellt der Historiker Peter Scherer in diesem Kontext – mit Blick auf die heutige Weltmarktposition – die Fragen: »Welche Rohstoffe könnte ein faschistisches Regime zum Ziel seiner Feldzüge machen, die nicht schon längst in der Hand der Konzerne sind? Welche Arbeitskräfte könnte es auftun, die nicht schon längst für den Weltmarkt ausgebeutet werden?« (Wem gehört der 9. November? Z., Nr. 72, Dezember 2007, S.18.)

Und welche Verfolgungsmaßnahmen könnte ein faschistisches Regime bereitstellen, die nicht bereits heute legal darauf warten, massenhafte Proteste – in der Zukunft – niederzuschlagen?

Eine weitere These, die die Rolle von faschistischen Parteien und Organisationen zu fassen versucht, spricht von deren Bedeutung als »Systemreserve«. In Erinnerung gerufen wird damit die Rolle der reaktionären bis profaschistischen Freikorps nach der militärischen Niederlage im Ersten Weltkrieg. Neben regulären Polizeieinheiten spielten irreguläre Truppen der Freikorps eine bedeutsame Rolle bei der Niederschlagung revolutionärer Erhebungen 1918/19. In den 1920er und 1930er Jahren spielten zudem die SA- und SS-Trupps der Nazis eine ähnliche Rolle, indem sie Arbeiterversammlungen überfielen, Anschläge verübten und Demonstrationen der ›Roten‹ angriffen. Im Großen und Ganzen ließ man sie gewähren, schließlich war die Niederschlagung von Klassenkämpfen, die Ausschaltung der KPD ein Ziel, das sich bürgerliche Parteien und die NSDAP in der Weimarer Republik teilten.

Auch diese historisch belegte Rolle von (bewaffneten) Faschisten als »Systemreserve« halte ich zur gegenwärtigen Beschreibung der Rolle neonazistischer Organisationen für ungeeignet: Wer die staatliche Vorratshaltung an Macht- und Gewaltpotenzialen vor Augen hat, die verschwindend kleine parlamentarische Opposition, die schwache radikale Linke, der sollte also auch die Rolle der Neonazis als »Systemreserve« überdenken. Das macht sie nicht weniger gefährlich, wenn sie Menschen bedrohen, »national befreite Zonen« durchzusetzen versuchen. Es geht darum, ihnen keine Rolle zuzuweisen, keine Macht zuzusprechen, die sie bestenfalls in ihrem eigenen neonazistischen Wahn einnehmen.

Weder stehen die bürgerlichen Parteien noch das Kapital vor einem neuen »33«, noch laufen die tatsächlichen Krisenerscheinungen darauf zu. Weder innerhalb der bürgerlichen Parteien scheinen Auflösungs- bzw.

 Desintegrationserscheinungen auf, noch gibt es auch nur das geringste Anzeichen dafür, dass das Kapital außerhalb codierter Konkurrenz-Regeln ums Überleben kämpfen müsse. Weder heute noch auf absehbare Zeit zielt die gegenwärtige Ordnung darauf ab, sich eine neofaschistische Reserve zu halten, um Krisen extralegal zu lösen. Es gibt weder diese Krisen, die an ein solches (faschistisches) Szenario heranreichen, noch gibt es systemoppositionelle Kräfte, die nicht anders zu schlagen wären als mit offener, faschistischer Gewalt.

Der größte Gegner bürgerlicher Staaten sind sie selbst.

Von wem gehen die Gefahren aus? Für Deutschland kann man die Bedeutung der AfD als halbwegs gering einschätzen. Um einiges anders sieht es am Rand Europas aus, wie z. B. in Griechenland, wo die institutionelle und ökonomische Krise, die faktische Entmachtung der politischen Parteien (durch EU-IWF-Troika-Diktate) der faschistischen Partei (*Goldene Morgenröte*) eine wachsende Bedeutung zugespielt hatte. Aber auch dort zeigte die politische Entwicklung, dass man alles daran setzte, eine nicht-faschistische Lösung zu favorisieren: Man machte sich die Partei Syriza gefügig, bis sie der Christdemokratie so ähnlich wurde, dass Letztere dann auch prompt die Wahlen gewann. Diese politische Haltung wird auf EU-Ebene nach wie vor bevorzugt: Man übt nicht nur aus kosmetischen Gründen Kritik an der polnischen oder ungarischen Regierung, wenn man ihnen die Verletzung von Rechtsstaatsstandards (Gewaltenteilung, Unabhängigkeit der Justiz und Medien etc.) vorwirft. Ich würde nach wie vor davon ausgehen, dass man an bestimmten staatlichen Kontrollinstanzen festhält, um eine Verselbständigung der Exekutivgewalt zu vermeiden.

Mit dem Wissen von heute würde ich von einer sehr ambivalenten Situation ausgehen, die nur in dieser Widersprüchlichkeit zu verstehen ist. Auf der einen Seite spricht nicht viel dafür, dass die politische und ökonomische Klasse auf eine faschistische Option setzt. So verrückt sich das angehört, aber ein sehr gewichtiger Grund ist die Niederlage der Faschismen in den 1940er Jahren. Die herrschende Klasse hat zwei ganz zentrale Erfahrungen mit dem Faschismus gemacht:

Erstens liegt dem Faschismus die fast völlige Entfesselung der Exekutivmacht zugrunde. Alle anderen politischen Positionen und Gegensätze sind ausgeschaltet worden. Das System hat kein inneres Korrektiv mehr. Dazu gehört auch eine Opposition, die das wankende System optimieren, reformieren und nachjustieren kann. Diese Verselbstständigung kann auch selbstmörderische Züge annehmen, was sich auch am Beispiel von Nazi-Deutschland belegen ließe.

Zum Zweiten hat vor allem die politische Klasse die Erfahrung gemacht, dass man Faschisten nicht wie Hilfsjungen behandeln kann, die man mal für eine kurze Zeit ranlässt, um sie dann wieder abzuservieren. Tatsächlich wurden auch Mitglieder der politischen Klasse zur Zielscheibe des erstarkenden Faschismus, wie dies die Organisation Consul in den 1920er Jahren mit gezielten Morden an bürgerlichen Politikern bewies. Diesem faschistischen Terror fielen damals der Zentrumspolitiker Matthias Erzberger (1921) und der bürgerliche Reichsaußenminister Walther Rathenau (1922) zum Opfer.

In dem neonazistischen Mord im Jahr 2019 an dem christdemokratischen Regierungsdirektor in Kassel, Walter Lübcke, scheint genau diese Gefahr auf und hat bekanntlich auch zu einigen institutionellen Veränderungen geführt.

 Aber es gibt auch eine Entwicklung, die wir heute in ihrer Dynamik und ihren Konsequenzen kaum absehen können.

Es geht um ein Kriegsszenario, in dem die alten Hegemonialmächte (USA, Frankreich, England, Deutschland) auf eine militärische Eskalation gegen Russland und die Volksrepublik China zusteuern.

Diese weltkriegsnahe Eskalation hat längst die Phase der Unterschwelligkeit und der Beschwichtigung verlassen. Offen erklärt uns die grüne Außenministerin Annalena Baerbock, dass man (über die Bande Ukraine) Russland »ruinieren« werde. Während all dies vor unseren Augen und der Haustür Europas passiert, wird unverhohlen davon gesprochen, dass man die Macht und den Einfluss der VR China »eindämmen« müsse. Dabei geht es nicht nur um die Wirtschaftsmacht Chinas, sondern auch und gerade um deren Weigerung, die alten »Führungsmächte« länger auszuhalten, was als Ungeheuerlichkeit und als Kriegsgrund verstanden wird.

Diese Entwicklung wird uns – mit all den innenpolitischen Auswirkungen – in den nächsten Jahren prägen. Dazu gehören massive Verschlechterungen der Lebensbedingungen, die weiter ansteigenden Formen der Repression, Einschüchterung und die Vor- und Einübungen in den Krieg.

Genau in diesem Kontext sprach Wolfgang Ischinger, ehemaliger Botschafter in Washington und Ex-Chef der Münchner Sicherheitskonferenz in München, das aus, was eine »Zeitenwende« mit einschließt: ein Systemwechsel.

In der *BILD*-Zeitung vom 21. November 2022 lässt er Deutschland und die Welt wissen: Deutschland braucht die »Kriegswirtschaft«! »Ischinger sieht auch einen politischen Grund, um von ›Kriegswirtschaft‹ zu sprechen: ›Offenbar haben allzu viele noch nicht begriffen, dass wir erst am Anfang der Zeitenwende stehen, und dass es tatsächlich richtigen Krieg mitten in Europa gibt, dessen Ende leider nicht absehbar ist‹.« Die Aufforderung zur Kriegswirtschaft ist nichts anders als ein Systemwechsel!

Denn all das bedeutet zweierlei: Der Staat bekommt eine wachsende Bedeutung, die die Ideologie vom »schlanken« (Nachtwächter-)Staat hinter sich lässt.

Das bedeutet aber auch, dass sich die Rolle der Exekutivmacht ganz nahe an den Rand der Verselbstständigung bewegen wird. Man kann mit Blick auf den kommenden Krieg die institutionellen Rechte weiter einschränken bzw. suspendieren, um die »Hindernisse« und »bürokratischen Hemmnisse« (Wolfgang Ischinger) für einen handlungsfähigen und schlagkräftigen Staat im Gefechtsstand zu beseitigen.

Diese »Kriegswirtschaft« braucht aber auch neben der Repression und Einschüchterung eine massive, allgegenwärtige Feinderkennung. Ein Feind, vor dem wir mehr Angst bekommen müssen, als vor allen Einschränkungen, die uns die eigene Regierung aufbürdet. Bereits jetzt ist die Russophobie alltäglich. Mit Blick auf China wird sich das noch gewaltig steigern.

Man ahnt vielleicht, wie nahe diese »Zeitenwende« an Kernbedingungen einer faschistischen Herrschaft heranreicht: Innerer und äußerer Kriegszustand, die Selbstsuspendierung der bürgerlichen Ordnung, das Regieren mit dem oder im Ausnahmezustand.

August Thalheimer gehört zu den bedeutsamen kommunistischen Politikern und Theoretikern und hat diesen Prozess in den 1920 und 1930er Jahren sehr präzise beschrieben: »Die Aushöhlung des bürgerlich-parlamentarischen Systems erfolgt schrittweise. Und die Bourgeoise ist dabei der Hauptagent. (...) Die Herstellung der offenen Diktatur selbst kann nur durch einen Sprung, einen Putsch oder einen Staatsstreich erfolgen, bei dem die Bourgeoise selbst das passive Element ist. Ihre Sache ist es, die Bedingungen zu schaffen, damit sie sozial ›gerettet‹ und politisch vergewaltigt werden kann. Das Vergewaltigen selbst aber besorgt der Held des Staatsstreiches oder des Putsches. Das Individuum oder die Organisation findet sich dazu immer, wenn ein Bedürfnis dazu da ist.«[34]

Wenn wir diese Einordnung auch für heute gelten lassen, dann wüssten wir, wer der »Hauptagent« ist und was wir zusammen tun müssten. Und wir könnten August Thalheimer sicherlich auch an unserer Seite haben, wenn wir dabei auch über falsche Selbsteinschätzungen und über unberechtigte Bezichtigungen reden würden: »Es ist natürlich kein Vorwurf für irgendjemand, bei diesem verwickelten, in vielen Farben schillernden, wie ein Proteus sich verwandelnden Objekt nicht auf den ersten Hieb vollständig und richtig alle wesentlichen Züge erfasst zu haben.«

34 *Bonapartismus und Faschismus*, (1930), August Thalheimer in: »Faschismus-Diagnosen, Kurt Pätzold, Verlag am Park, S.58.

– **Adorno, Theodor W.**, 2019, *Aspekte des neuen Rechtsradikalismus*, Berlin: Suhrkamp Verlag.
– **Aust, Stefan**, 2016, *Der NSU-Komplex*, Tagenschau24 vom 9.7.2016
– **Aust, Stefan/Laabs, Dirk**, 2014: *Heimatschutz - Der Staat und die Mordserie des NSU*, München: Pantheon.
– **autonome L.U.P.U.S. -Gruppe**, 1992: *Geschichte, Rassismus und das Boot*, Berlin: Edition ID-Archiv.
– **Bernhardt, Markus**, 2012, *Das braune Netz - Naziterror - Hintergründe, Verharmloser, Förderer,* Köln: Papyrossa Verlag.
– **Brückner, Peter** u. a., 1976, *1984 schon heute oder: wer hat Angst vorm Verfassungsschutz?*, Frankfurt: Verlag Neue Kritik.
– **Brückner, Peter und Agnoli, Johannes**, 1974, *Die Transformation der Demokratie*, Frankfurt: Europäische Verlagsanstalt.
– **Erz, Ulrich Chaussy,** 2014: *Geheimarmee STAY BEHIND. Der Staat als Pate des Terrors?* Köln: Westdeutscher Rundfunk Köln: https://pdfcoffee.com/geheimarmee-stay-behind-der-staat-als-pate-des-terrors-wdr-2014-4-pdf-free.html
– **Förster, Andreas**, 2014: *Geheimsache NSU*, Tübingen: Klöpfer & Meyer.
– **Foucault, Michel, Geismar, Alain, Glucksmann, Andre**, 1972, *Neuer Faschismus, neue Demokratie, Über den Faschismus im Rechtsstaat*, Berlin: Verlag Klaus Wagenbach.
– **Fromm, Rainer** 2015, *Der Nationalsozialistische Untergrund: Was wusste der Staat vom braunen Terror?* ZDF-Dokumentation vom 21.01.2015.
– **Ganser, Daniele**, 2009: *Nato-Geheimarmeen in Europa: Inszenierter Terror und verdeckte Kriegsführung*, Zürich: Orell Füssli Verlag AG.
– **Goldmann, Emil,** 2019, *Dieser Feind steht rechts!* (Teil I): https://wolfwetzel.de/index.php/2019/08/30/dieser-feind-steht-rechts-teil-i-emil-goldmann/
– **Goldmann, Emil,** 2019, *Dieser Feind steht rechts!* (Teil II): https://wolfwetzel.de/index.php/2019/09/08/dieser-feind-steht-rechts-emil-goldamm-teil-2/

- **Goldmann, Emil**, 2019, *Wie wird der Nationalsozialismus geschlagen?*: https://wolfwetzel.de/index.php/2019/01/19/wie-wird-der-nationalsozialismus-geschlagen-emil-goldmann-teil-ii/
- **Goldmann, Emil**, 2020, *Der Feind steht rechts! Auf dem Weg zum Karfeit?*: https://wolfwetzel.de/index.php/2020/03/09/der-feind-steht-rechts-vierter-teil-von-emil-goldmann/
- **Gumbel, Emil Julius**, 1984, *Verschwörer. Zur Geschichte und Soziologie der deutschen nationalistischen Geheimbünde 1918-1924*, Frankfurt a. M.: Fischer Verlag.
- **Haffner, Sebastian**, 1994, *Der Verrat. 1918/1919 – als Deutschland wurde, wie es ist*, Berlin: Verlag 1900.
- **Harrich, Daniel**, 2013, *Der blinde Fleck*. Deutschland: Spielfilm über den Anschlag auf das Münchener Oktoberfest 1980.
- **Kiyak, Mely,** 2012, *Liebes Schweigen im Land*, Frankfurt: *Frankfurter Rundschau* vom 2./3. Juni 2012.
- **Kühle, Reinhard**, 1972, *Formen bürgerlicher Herrschaft. Liberalismus, Faschismus*, Hamburg: Rowohlt Verlag.
- **Mohr, Markus/Viehmann, Klaus**, 2004, *SPITZEL – Eine kleine Sozialgeschichte,* Berlin: Verlag Assoziation A.
- **Moser, Thomas** 2013, *Die vertuschten Phantome von Heilbronn*, Kontext vom 17.07.2013.
- **Mosse, George L.**, 1991, *Die völkische Revolution*, *Über die geistigen Wurzeln des Nationalsozialismus*, Frankfurt: Verlag Anton Hein.
- **Ramelow, Bodo,** 2013, *Staatsgeheimnisse um NSU. Wie ich lernte, bei Verschwörungstheorien den wahren Kern zu suchen.* *junge Welt* vom 9. Januar 2013: http://www.ag-friedensforschung.de/themen/Rassismus/ramelow2.html
- **Rand, Rechter**, 2014, *V-Leute-Spezialausgabe*. Hamburg: Zeitschrift »Rechter Rand«, Ausgabe Nr. 150/2014.
- **Riha, Katja und Clemens,** 2015, *V-Mann-Land – Spitzel im Staatsauftrag*: https://www.youtube.com/watch?v=mcctmuoquKA
- **Rütten, Christine**, 2013, *Nazis im BND – Neuer Dienst und alte Kameraden, ARD:* gesendet am 7.10.2013
- **Schoen, Wolfgang/ Gutermuth, Frank**, 2013: *Anschlag auf die Republik? Das Oktoberfestattentat 1980*, München: Fernsehdokumentation des *BR* (2013).

- **Simsek, Semiya,** 2013: *Schmerzliche Heimat - Deutschland und der Mord an meinem Vater*, Hamburg: Rowohlt Verlag.
- **Twente, Christian**, 2016, *Tod im Wohnmobil. Wie starben die NSU-Terroristen wirklich? ZDF*-Info Doku.
- **Wetzel, Wolf,** 2007, *Im Schutz der Mitte - der NPD-Aufmarsch in Frankfurt am 7.7.2007*: http://wolfwetzel.wordpress.com/2007/07/11/im-schutz-der-mitte-der-npd-aufmarsch-in-frankfurt-am-772007/
- **Wetzel, Wolf**, 2007, *Von »Wir sind ein Volk« zum Pogrom. Von der Abschaffung des Asylrechts zum »nützlichen« Ausländer - Ein Rückblick auf 20 Jahre Deutschland,* Frankfurt: http://wolfwetzel.wordpress.com/2007/08/02/vom-pogrom-der-abschaffung-des-asylrechts-zum-nuetzlichen-auslaender/
- **Wetzel, Wolf,** 2008, *Es geht nicht darum, einen guten Verfassungsschutz zu haben, sondern gar keinen,* Frankfurt: http://wolfwetzel.wordpress.com/2008/09/20/es-geht-nicht-darum-einen-guten-verfassungsschutz-zu-haben-sondern-gar-keinen/
- **Wetzel, Wolf**, 2010, *In Dresden demonstrieren Polizei- und Landesführung lange vor den Neonazis 2010,* Frankfurt: http://wolfwetzel.wordpress.com/2010/01/25/25-1-2010-dresden-zwischen-1945-und-2010/
- **Wetzel, Wolf**, 2011, *Antifaschistische Bewegungslehre,* Frankfurt: http://wolfwetzel.wordpress.com/2011/05/12/bwegungslehre/#more-2526
- **Wetzel, Wolf**, 2011, *Der elektronische Polizeikessel in Dresden:* http://wolfwetzel.wordpress.com/2011/09/06/der-elektronische-polizeikessel/
- **Wetzel, Wolf,** 2012, *Der staatliche Rettungsschirm für die neonazistische Mordserie des NSU - Eine Zwischenbilanz*: https://wolfwetzel.de/index.php/2012/03/12/der-staatliche-rettungsschirm-fur-die-neonazistische-mordserie-der-nsu-eine-zwischenbilanz/
- **Wetzel, Wolf**, 2012, *Der Untergrund des NSU war ein Aquarium der Geheimdienste*: https://www.nachdenkseiten.de/?p=13948

- **Wetzel, Wolf,** 2016, *Der Oktoberfestanschlag in München 1980 – Vom irren Einzeltäter und Schutz des Staatswohles. Vom »Einzeltäter« bis zu »Gladio«*: https://wolfwetzel.de/index.php/2016/07/18/der-oktoberfestanschlag-in-muenchen-1980-vom-irren-einzeltaeter-und-schutz-des-staatswohles-2/
- **Wetzel, Wolf**, 2016, *Das unwahrscheinliche Ende des NSU.* Eisenach 2011: https://www.nachdenkseiten.de/?p=35857
- **Wetzel, Wolf**, 2016, *Warum sterben – rund um den NSU – so viele (potenzielle) Zeugen in Baden-Württemberg?* https://www.nachdenkseiten.de/?p=31571
- **Wetzel, Wolf,** 2017, *Operation Konfetti – der 11. Tatort im NSU-VS-Komplex*: https://www.nachdenkseiten.de/?p=36493
- **Wetzel, Wolf**, 2017, *Tote laden nicht nach*, TV-Interview mit *RT Deutsch*: https://blog.fdik.org/2021-10/s1633154254
- **Wetzel, Wolf**, 2018, *Der NSU-Jahrhundertprozess und ein Scheinurteil*: https://www.nachdenkseiten.de/?p=45074
- **Wetzel, Wolf**, 2020, *Am Ende der NSU-Trio-Version. Der Mord an Walter Lübcke*: https://www.nachdenkseiten.de/?p=59071
- **Wetzel, Wolf**, 2021, *Die endlose Geschichte der Ausnahmezustände (in Deutschland)*, in: Herrschaft der Angst. Von der Bedrohung zum Ausnahmezustand, Wien: Promedia Verlag (S. 25-57)
- **Wetzel, Wolf,** 2021, *Ist die Verhinderung einer Querdenkerdemonstration ein Akt des Antifaschismus? Falscher Focus, falscher Feind. Ein Beitrag, der zwischen beiden Stühlen genügend Platz findet*: https://wolfwetzel.de/index.php/2021/04/17/falscher-fokus-falscher-feind/
- **Witt-Stahl und Sommer, Michael (Hg.),** 2014, *Antifa heißt Luftangriff. Regression einer revolutionären Bewegung*, Hamburg: LAIKAtheorie.